蔣經國大事日記

（1982-1983）

Daily Records of Chiang Ching-kuo, 1982-1983

民國日記｜總序

呂芳上
民國歷史文化學社社長

　　人是歷史的主體，人性是歷史的內涵。「人事有代謝，往來成古今」（孟浩然），瞭解活生生的「人」，才較能掌握歷史的真相；愈是貼近「人性」的思考，才愈能體會歷史的本質。近代歷史的特色之一是資料閎富而駁雜，由當事人主導、製作而形成的資料，以自傳、回憶錄、口述訪問、函札及日記最為重要，其中日記的完成最即時，描述較能顯現內在的幽微，最受史家重視。

　　日記本是個人記述每天所見聞、所感思、所作為有選擇的紀錄，雖不必能反映史事整體或各個部分的所有細節，但可以掌握史實發展的一定脈絡。尤其個人日記一方面透露個人單獨親歷之事，補足歷史原貌的闕漏；一方面個人隨時勢變化呈現出不同的心路歷程，對同一史事發為不同的看法和感受，往往會豐富了歷史內容。

　　中國從宋代以後，開始有更多的讀書人有寫日記的習慣，到近代更是蔚然成風，於是利用日記史料作歷

史研究成了近代史學的一大特色。本來不同的史料，各有不同的性質，日記記述形式不一，有的像流水帳，有的生動引人。日記的共同主要特質是自我（self）與私密（privacy），史家是史事的「局外人」，不只注意史實的追尋，更有興趣瞭解歷史如何被體驗和講述，這時對「局內人」所思、所行的掌握和體會，日記便成了十分關鍵的材料。傾聽歷史的聲音，重要的是能聽到「原音」，而非「變音」，日記應屬原音，故價值高。1970年代，在後現代理論影響下，檢驗史料的潛在偏見，成為時尚。論者以為即使親筆日記、函札，亦不必全屬真實。實者，日記記錄可能有偏差，一來自時代政治與社會的制約和氛圍，有清一代文網太密，使讀書人有口難言，或心中自我約束太過。顏李學派李塨死前日記每月後書寫「小心翼翼，俱以終始」八字，心所謂為危，這樣的日記記錄，難暢所欲言，可以想見。二來自人性的弱點，除了「記主」可能自我「美化拔高」之外，主觀、偏私、急功好利、現實等，有意無心的記述或失實、或迴避，例如「胡適日記」於關鍵時刻，不無避實就虛，語焉不詳之處；「閻錫山日記」滿口禮義道德，使用價值略幾近於零，難免令人失望。三來自旁人過度用心的整理、剪裁、甚至「消音」，如「陳誠日記」、「胡宗南日記」，均不免有斧鑿痕跡，不論立意多麼良善，都會是史學研究上難以彌補的損失。史料之於歷史研究，一如「盡信書不如無書」的話語，對證、勘比是個基本功。或謂使用材料多方查證，有如老吏斷獄、法官斷案，取證求其多，追根究柢求其細，庶幾還原

案貌，以證據下法理註腳，盡力讓歷史真相水落可石出。是故不同史料對同一史事，記述會有異同，同者互證，異者互勘，於是能逼近史實。而勘比、互證之中，以日記比證日記，或以他人日記，證人物所思所行，亦不失為一良法。

從日記的內容、特質看，研究日記的學者鄒振環，曾將日記概分為記事備忘、工作、學術考據、宗教人生、游歷探險、使行、志感抒情、文藝、戰難、科學、家庭婦女、學生、囚亡、外人在華日記等十四種。事實上，多半的日記是複合型的，柳貽徵說：「國史有日歷，私家有日記，一也。日歷詳一國之事，舉其大而略其細；日記則洪纖必包，無定格，而一身、一家、一地、一國之真史具焉，讀之視日歷有味，且有補於史學。」近代人物如胡適、吳宓、顧頡剛的大部頭日記，大約可被歸為「學人日記」，余英時翻讀《顧頡剛日記》後說，藉日記以窺測顧的內心世界，發現其事業心竟在求知慾上，1930 年代後，顧更接近的是流轉於學、政、商三界的「社會活動家」，在謹厚恂恂君子後邊，還擁有激盪以至浪漫的情感世界。於是活生生多面向的人，因此呈現出來，日記的作用可見。

晚清民國，相對於昔時，是日記留存、出版較多的時期，這可能與識字率提升、媒體、出版事業發達相關。過去日記的面世，撰著人多半是時代舞台上的要角，他們的言行、舉動，動見觀瞻，當然不容小覷。但，相對的芸芸眾生，識字或不識字的「小人物」們，在正史中往往是無名英雄，甚至於是「失蹤者」，他們

如何參與近代國家的構建，如何共同締造新社會，不應該被埋沒、被忽略。近代中國中西交會、內外戰事頻仍，傳統走向現代，社會矛盾叢生，如何豐富歷史內涵，需要傾聽社會各階層的「原聲」來補足，更寬闊的歷史視野，需要眾人的紀錄來拓展。開放檔案，公布公家、私人資料，這是近代史學界的迫切期待，也是「民國歷史文化學社」大力倡議出版日記叢書的緣由。

蔣經國大事日記　導言

呂芳上

民國歷史文化學社社長

中央研究院近代史研究所兼任研究員

一、

　　許多人多注意到年輕一代的新新人類，多半要掌握的是立即、當下，要捕捉的是能看得見、聽得到、抓得住的事事物物，視芸芸之人眾生平等，不把「大咖」人物看在眼裡，昨天的事早早忘卻，明天和過去的歷史，更屬虛無又飄渺。即使對一般人，說美國總統川普（Donald Trump），很多人或還記得，談歐巴馬（Barack Obama），即已印象模糊。老蔣、老毛何許人也？知其名未必悉其實，小蔣（經國）、老鄧（小平）印象就沒那麼深刻。在臺灣，坊間對蔣經國評價不一，民間有人把「蔣經國」以臺語諧音說成「酒精國」，雖屬戲謔之語，反見親切。這時代，有人這麼說：一轉身，光明黑暗都成故事；一回眸，歲月已成風景。不過，尋根是人類本性，我們走過「從前」，要說從歷史中尋求如何面對當今問題的智慧，可能太抽象，但問那個時代、那個人物，留下什麼樣足跡？有過何等影響？還是會引發人們找尋歷史源頭的興味的。

　　近代中國歷史堪稱曲折，世界走入中國，用的是兵艦、巨砲，中國走向世界，充滿詭譎與恫嚇。於是時代

的歷史靠著領導者帶著一群菁英，以無比信心、堅韌
生命力與靈妙的模仿力和創造力，共同形塑，造成了
「今日」。

在歷史往復徘徊中，往往出現能打開出路的引領
人。這些有頭、有臉的人物，他們數十年一夢的人生事
跡，對天地悠悠之久，雖也一幌即過，但確實活在歷
史。最怕的是當代、後世好事者，可能為這些人塗脂抹
粉、加料泡製、打磨夯實、描摹包裝、強力推銷，變成
「聖賢」或「惡魔」，弄得歷史人物不成「人」形。

生前飽受公議的政治人物，過世之後也得接受歷史
的公評，這是無庸置疑。但論孫文只說他為目的不擇手
段、評蔣介石說是獨裁無膽、硬把毛澤東功過三七開，
都犯了簡化歷史的毛病；論歷史的事情，既不是痛快
的一句話可以了結，月且歷史人物，更不該盲目恭維或
肆意漫罵可以了事。歷史人物的品評，需要多樣資料佐
證，於是上窮碧落下黃泉所得的「東西」，不能不說當
下、即時的紀錄材料，最不能疏忽。這套《蔣經國大事
日記》，作為民國、臺灣歷史人物蔣經國及其時代研究
的基礎，當之無愧。

二、

蔣經國生於 1910 年，1988 年過世。美國史家史萊
辛格（Arthur Schlesinger Jr.）說，二十世紀是一個混亂
的世紀，充滿了憤怒、血腥、殘酷；也充滿了勇敢、希
望與夢想。蔣經國的一生起伏跌宕夾雜著這些特色。他
幼年讀書不算多，1925 年十六歲正當人格成型之際，

被送到冰天雪地的俄國。那段時間，正是史達林掌權清算鬥爭激烈時期，對他來說想必印象深刻，影響一生。西安事變後抗日開戰前（1937年3月），帶著俄國妻子返國，先在家鄉溪口讀書，其後在江西保安處、贛南專區當行政督察專員，過著中層公務員的生活，並依父命師從徐道鄰、汪日章等人，接受經典洗禮，對傳統文化進行「補課」，也零星通曉西方民主、法治觀念，思想因此有進境，難免蕪雜。抗戰時期往來大後方，除了在贛南有一批從龍之士外，在重慶擔任三青團幹校教育長，有了幹校人脈，加上後來在臺組建青年反共救國團，這幾批人無形中成了他後來的政治班底。

蔣經國真正的政治事業是1950年代在臺灣開始的，1950到1960年代蔣介石忙於黨的改造、政治革新，積極準備「反攻復國」，至於情治系統、國安、國軍政工事務多交經國負責，這一時期，國外媒體甚至形容他為「神秘人物」。到1970年代聯合國席位不保，中日、中美先後斷交，國家處境逆轉，大約此時統理國家的權力也集中到經國身上，威權政治開始有軟化跡象。不過直到1980年代中期之後，已深切感受時代在變，環境在變，潮流也不能不變。1986年9月，集大權於一身的經國總統容忍「民主進步黨」成立，等於開放黨禁；10月中旬決定「解嚴」，次年7月15日正式實施；接著解除報禁、開放港澳觀光，10月15日准許老兵返大陸探親，民主化邁步向前，對長期威權統治下的臺灣而言，不啻一場寧靜革命。當年擔任總統副手的李登輝，後來在《訪談錄》中，很平實的說了這麼一段

話：「大家講李登輝執政十二年民主改革等等，老實講，如果這三年八個月中沒有他（蔣經國）在政策上的變化，我後來的十二年是做不了什麼事的。」

同一時期，蔣經國大量起用臺灣省籍菁英，尤其1972年出任行政院長後，培養省籍人士不遺餘力，1984年在謝東閔副總統之後，提名年輕得多的李登輝繼之，以當時蔣經國的身體條件和年齡，視為是接班人選，十分明顯。在行政院長及總統任職期間，蔣經國不斷走入民間、結交民間友人，1987年又說出「我也是臺灣人」的話語，姑不論是否為政治語言，政權本土化的意味很濃，行動上則多少帶點「蘇俄經驗」味道。

1970年代，國際逆流橫生之外，國內政治異議聲浪頻起，反對勢力運動勃發，規模不斷擴大，手段益趨激烈，當時臺灣幾乎有人心惶惶之感。這期間，1973年及1979年碰到兩次石油危機、國際金融風暴。幸賴十大建設、六年經建計畫等的財經擘劃，安然渡過危局，「臺灣奇蹟」的締造，蔣經國與有功焉。長時間陪侍兩蔣身邊的御醫熊丸說，小蔣極為儉樸，樂與民眾接近，但城府深、表裡不一，恩威難測，並非好相處的朋友；已過世、有點不合時宜，與經國交過手的財經專家王作榮，佩服蔣與巨商大賈保持距離，但也直說，蔣經國是俄國史達林文化與中國包青天文化的混合產物。顯示這位國家領導人多面向的行事與風格，仍大可有進一步研究的空間。

三、

　　1972 年 6 月，62 歲的蔣經國出任行政院長，實質掌理國政。其後 1978 年膺選為中華民國第六任總統，1984 年連任為第七任總統，不幸任期未滿的 1988 年 1 月 13 日辭世，那年他 78 歲。他一生最後的十六年，可說盡瘁國政，奉獻全部心力於臺灣這塊土地。這位關鍵人物在關鍵時期的政府治理成績斐然，此段時間正是臺灣政治、社會的重要轉型期。這十六年的政府政績即使不稱為「經國之治」，說它是臺灣的「蔣經國時代」，絕不為過。

　　這套《蔣經國大事日記》，涵蓋「蔣經國時代」的十六年，起於 1972 年 5 月 20 日出任行政院長，迄於 1988 年 1 月 30 月奉安大溪止，每日行程幾乎均有如實紀錄。嚴格說這是蔣經國行政院長和兩任總統的行政大事記，原係庋藏於國史館蔣經國忠勤檔案中的一種。原作毛筆、鋼筆文件應出諸經國總統秘書之手，察其所錄，很有總統日常行政實錄意涵。每日記載內容主要為蔣經國擔任院長、總統期間之行止、接見賓客、上山下海巡訪各地，重要會議要點（包括行政院院會、國民黨中常會、中央全會、總統府財經會談、軍事會談）、重要文告、年節談話內容等，大自內政上十項建設的推動，持續三十八年之久的戒嚴宣告解除，反共反獨的宣示，對中共三不（不接觸、不談判、不妥協）政策誓言；國際關係上中日、中美斷交，克來恩（Ray S. Cline）與韓、越「情報外交」，李光耀頻頻秘密來臺的臺新（新加坡）交誼，小至中學生給蔣經國「院長精

神不死」的謝卡小故事，有嚴肅的一面，也見人性幽默的一環。《蔣經國大事日記》如能與蔣經國個人日記搭配，「公」「私」資料，參照互比，將更能清楚見其行事軌跡與作為。故而日記固可補《蔣經國大事日記》之不足（蔣經國日記起於 1937 年 5 月，記至 1979 年 12 月 30 日因視力惡化中止），《蔣經國大事日記》亦正足彌補日記之空闕。故此一資料，當屬研究「蔣經國時代」不可或缺的寶貴史料。

四、

　　這套書記錄 1972 至 1988 年中華民國的國家領導人行政大事，雖簡要，但不失為「蔣學」研究的重要工具書。

　　本來歷史學的研究與編纂，就有「年代學」（Chronology），是以確定歷史事件發生時間的科學，從古代中國《春秋》、《竹書紀年》，到近人郭廷以的《近代史國史事日誌》、《中華民國史事日誌》等，都屬之。這套書一如晉杜預的〈春秋左氏傳序〉所言：「記事者，以事繫日，以日繫月，以月繫時，以時繫年，所以紀遠近，別同異也。故史之所記，必表年以首事。」本書所記，甚至細至以時繫分，明確事件發生時間，提供歷史發展線索，大可作為歷史研究的基礎。對當代民國史、臺灣史研究而言，資料之珍貴，實無過於此。

編輯凡例

一、 本書依照「蔣經國大事日記略稿」編輯，依日期
　　 排列。

二、 為便利閱讀，部分罕用字、簡字、通同字，在不
　　 影響文意下，改以現行字標示，恕不一一標注。

三、 附件及補充資料以標楷體呈現，部分新聞報導之
　　 附件不收錄。

目錄

中華民國 71 年（1982 年）

1月1日　星期五

今日為民國七十一年元旦，特發表祝詞，期勉全國同胞，堅忍勤儉，創新奮發，作時勢的創造者，作歷史的創造者。

上午

九時十二分，至三軍軍官俱樂部，參與中央黨部元旦團拜。

九時三十八分，在府見馬秘書長紀壯。

十時，在府內大禮堂，主持中華民國七十一年開國紀念典禮暨元旦團拜。

十時十八分，見蔣秘書長彥士。

元旦祝詞

親愛的父老兄弟姊妹們：

今天欣逢中華民國開國紀念日，同時迎接民國七十一年元旦，我們一方面為慶祝這一光輝燦爛的日子而歡欣鼓舞，另方面，回顧建國七十年來血淚交流、榮辱交織的歷史而壯懷激烈。當前大陸赤禍未靖，變亂方殷，我們肩上的時代使命也正有增無已。

民國七十年代是三民主義勝利的年代，也是重光大陸的年代，這是我們在這年代中所要達成的任務，這個任務是偉大的，顯然也是艱鉅的。無論如何，我們定下了目標，就必負起責任，全力以赴，貫徹以三民主義統

一中國，為中華民族再創新的生命。

我們當繼續加速國家建設，強化民主憲政，充實國防力量，推升經濟發展，提高文教科技，增進公眾福利，為三民主義社會樹立一個完美的範型，使復興基地和今日大陸間富與貧、實與虛、光明與黑暗、自由與奴役的對比愈益強烈，不但讓全中國人確認三民主義統一中國的必然性，也讓全世界人士共認三民主義的優越性。

當然，面臨七十年代國際形勢的動盪，這個年代無疑將是我們反共復國大業中關鍵性的年代。但我們已經下定奮鬥到底的決心，只許成功，不許失敗，因之我們需要全民團結，刻苦耐勞，警戒惕勵，一致篤行實踐，強固統合力量。深盼我海內海外同胞，咸能一心一德、互切互磋，發揮堅忍、勤儉、創新、奮發的革命精神，克服任何困難，以達最後勝利。

堅忍──要堅持既定之志，忍耐一切痛苦。因為一個偉大的勝利，所需堅忍的長度與深度，常與所爭勝利的重要性成為正比，而且愈是接近最後勝利的時刻，處境往往愈為險惡。我們唯有堅百忍以圖成，邁向成功之路。

勤儉──所謂「勤能補拙、儉能致富」，說明了開源節流之道，從個人家庭，以至國家民族，無不因奢靡而衰敗，因勤儉而富強，所以勤儉為服務之本，也是建國之本。我們必須克勤克儉，方能進國家於安和樂利。

創新──不斷的創新，不斷的革新，乃是求取不斷進步的不二途徑。但創新並非見異思遷，更非破壞原有的一切，而是運用智慧，投注心力，要在已有的基礎

上，開拓新的機會，壯大既獲成果，使我們的基礎更堅固、更厚實。凡事只要精益求精，定能日新又新。

奮發——奮鬥可使力量強大，發展始可步步前進。在這競爭劇烈的時代、知識爆炸的時代，唯有奮力研究發展，超越層次障礙，方免陷於故步自封。以鍥而不舍的奮鬥精神，追求事物的開展成長，真知力行，是決定致勝的先決條件。

多年以來，我們在復興基地實踐三民主義建設，憑著全體軍民同胞胼手胝足，辛勤耕耘，以及全球僑胞四海歸心、支持國策，在精誠團結、合體同命的共信共勵之下，得以奠定反共復國必勝必成的深基。我們過去的努力沒有白費，今後大家的再接再厲，群策群力，必將收穫更大成果，使勝利更早來臨！

親愛的父老兄弟姊妹們：

國父創立民國，定下了三民主義的建國方向；先總統蔣公領導全民，遵行國父遺教，為的是求中國的獨立自由與康樂富強。今日共產邪說禍害中國，使大陸人民喪失了一切人性尊嚴和做人的基本權利，已經罪無可逭，凡我中國同胞，為了保衛我們共同熱愛的文化、制度與生活方式，便應人人奮起，做三民主義的鬥士，消滅匪偽暴政，福我中華於永永遠遠。

讓我們大家立志，在這時代的挑戰中，不僅做時勢的創造者，更做歷史的創造者。也讓我們同祝中華民國國運昌隆，一齊高聲歡呼：

三民主義萬歲！中華民國萬歲！

1月2日　星期六

下午

五時十三分，在大直寓所在蔣秘書長彥士。

1月3日　星期日

下午

三時五十八分，在大直寓所見國防部宋部長長志。

四時五十五分，見孫院長運璿。

六時十八分，見蔣秘書長彥士。

七時〇五分，與夫人蒞臨孝文先生寓所，並共進晚餐。

1月4日　星期一

下午

三時三十九分，至榮民總醫院眼科及牙科檢查。

四時四十五分，在府見孫院長運璿。

五時〇八分，見馬秘書長紀壯。

五時三十一分，見張副秘書長祖詒。

六時，見蔣秘書長彥士。

1月5日　星期二

下午

三時二十四分，在大直寓所見振興復健中心鄧院長
述微。

五時二十六分，見宋局長楚瑜。

1月6日　星期三
上午

八時三十一分，在中央黨部見蔣秘書長彥士。

八時五十四分，主持中常會，通過監察委員黨部之人選，並決定派張一中為書記長，張文獻為副書記長。會後，分別見俞總裁國華、臺灣省政府李主席登輝、秦主任委員孝儀、蔣秘書長彥士。

1月7日　星期四
上午

十時起，在府分三批見軍方調職人員陸軍中將陳堅高等三十一人。

十時四十九分，見郝總長柏村。

下午

四時四十九分，在府見馬秘書長紀壯。

五時二十三分，見教育部朱部長匯森。

五時四十九分，見汪顧問道淵。

1月8日　星期五
下午

三時十二分，至圓山飯店理髮。

四時十分，在府見沈秘書長昌煥。

五時〇五分，接見瓜地馬拉共和國國會議長鮑尼亞。

五時三十六分，見新任駐英代表房金炎。

五時五十五分，見蔣秘書長彥士。

1月9日　星期六
上午

十時二十五分，在府見俞總裁國華。

十時五十八分，見張副秘書長祖詒。

十一時三十分，接見新加坡駐華代表鄭維廉。

十一時三十六分，見外交部錢次長復。

下午

四時五十分，在大直寓所見秦主任委員孝儀。

九時，見臺灣省黨部宋主任委員時選。

1月10日　星期日
下午

四時二十五分，在大直寓所見孫院長運璿。

1月11日　星期一
下午

四時五十七分，在大直寓所見外交部錢次長復。

六時五十分，見國防部宋部長長志。

七時五十分，見沈秘書長昌煥。

八時四十三分，見錢次長復。

九時，見新聞局宋局長楚瑜。

1月12日　星期二
上午

九時三十分，在府見孫院長運璿、蔣秘書長彥士、馬秘

書長紀壯及錢次長復。

十時，主持軍事會談。

十一時三十二分，見孫院長運璿。

下午

三時二十分，至榮民總醫院牙科及眼科檢查。

四時二十九分，至總統府。

四時四十分，見沈秘書長昌煥。

五時十二分，見錢次長復。

五時二十七分，見郝總長柏村。

五時四十八分，見張副秘書長祖詒。

今日發表明令，特派沈昌煥為中華民國慶賀宏都拉斯共
和國總統、副總統就職典禮特使。

1 月 13 日　星期三

上午

八時二十五分，在中央黨部見蔣秘書長彥士。

九時，主持中常會，於聽取中國電視公司總經理梅長齡
報告「電視事業時代的使命」後，提示今後電視事業應
以建教合作的方式，加強人才的培養訓練，以提高電視
的品質，加強其社會功能。

九時四十一分，見嚴前總統。

十時〇七分，見立法院倪院長文亞。

十時十九分，見臺北市長邵恩新。

十時二十六分，見中常委辜振甫。

十時四十六分，見沈秘書長昌煥。

下午

五時十四分，在大直寓所見錢次長復。

五時四十五分，見秦主任委員孝儀。

1月14日　星期四

下午

四時四十六分，在大直寓所見俞總裁國華。

1月15日　星期五

上午

八時十一分，在府見張副秘書長祖詒。

九時十八分，見朱部長撫松。

十時，宏都拉斯共和國新任駐華大使李維拉至總統府晉見總統，呈遞到任國書。

十時二十分，見馬秘書長紀壯。

十時三十分，見空軍總司令郭汝霖。

十時五十分，見馬秘書長紀壯、中央黨部陳副秘書長履安、高雄市政府許秘書長水德、全國早餐會執行秘書劉今程、立法委員鍾榮吉等。

十一時十七分，見張副秘書長祖詒。

十一時二十七分，見駐新加坡商務代表胡炘。

下午

五時二十八分，在大直寓所見沈秘書長昌煥。

六時二十三分，見胡代表炘。

1 月 16 日　星期六
下午

四時，在大直寓所見魏顧問景蒙。

1 月 17 日　星期日
上午

八時三十一分，至臺北市立殯儀館景行廳，弔祭故陸軍一級上將余漢謀之喪，並慰問余故上將家屬。

八時四十分，至圓山飯店理髮。

九時二十一分，在府見馬秘書長紀壯。

九時三十六分，在辦公室作農曆除夕談話錄影。

十時十六分，見馬秘書長紀壯、張副秘書長祖詒、周政務委員宏濤。

十時三十二分，見宋局長楚瑜。

下午

三時十分，至榮民總醫院眼科檢查。

四時三十七分，至蔣秘書長彥士寓所，弔祭蔣母徐太夫人之喪。

七時三十五分，在大直寓所見臺灣省黨部宋主任委員時選。

1月18日　星期一

下午

四時三十三分，在府見朱部長撫松。

五時十八分，至榮民總醫院眼科檢查。

1月19日　星期二

上午

十時三十五分，在大直寓所見余南庚博士。

十一時，見前中興醫院院長熊丸。

十一時四十五分，見戴安國夫婦。

下午

三時十九分，在府見馬秘書長紀壯。

三時二十七分，見張副秘書長祖詒。

三時四十三分，見中央黨部吳副秘書長俊才。

四時，接見日本科學技術協力協會訪華團前田正男等。

四時三十分，接見泰國前總理堅塞。

五時，接見美國聯邦參議員麥考斯基夫婦。

五時二十五分，接見美國聯邦眾議員洛特、舒茲及卡尼
三對夫婦。

五時五十分，見錢次長復。

五時五十六分，見俞總裁國華。

1月20日　星期三

上午

八時四十分，在中央黨部見臺灣省政府主席李登輝。

九時，主持中常會，期勉當選公職人員，都做公僕，不做官僚，盡心盡力，為民服務，毋負選民和全黨同志的期望。此外，對全體立法委員在上一會期立法工作上所表現的以國家民眾利益為重的精神，表示欽佩。會後，分別見秦主任委員孝儀及吳副秘書長俊才。

十一時二十五分，在府接見多年來在各地民間結識的好友蕭獻澤等十一人和他們的眷屬，接受他們的「浮雕」贈禮。在和他們閒話家常中，曾一再表示重視這一份感情。接見後，並致贈每人建國七十年紀念幣一枚及合影留念。

中午

馬秘書長紀壯奉命在國軍英雄館設宴款待蕭獻澤等人；總統亦曾蒞臨該館巡視後，返回寓所。

下午

四時○五分，巡視衛戍師營區。

四時三十五分後，在府分別見張副秘書長祖詒、汪顧問道淵。

五時十二分，至三軍軍官俱樂部，主持慰勉情治人員之春節茶會。

六時三十五分，至榮民總醫院檢查身體。

1 月 21 日　星期四

上午

在榮民總醫院，作健康檢查。

下午

三時十分，至陽明山第一公墓趙故主任委員聚鈺墓前弔
祭。停留十餘分鐘後，返回寓所。

1月22日　星期五

下午

三時四十七分，至臺北火車站，巡視旅客購票及上車情
形；並向搭車返鄉的旅客們，提前賀節。旅客們均以熱
烈的掌聲，表達對總統的敬意。

四時○五分，在府見宋局長楚瑜。

四時三十五分，見張副秘書長祖詒。

五時，見臺南市長蘇南成。

五時二十八分，接見阿根廷共和國前總統李文斯頓。

五時五十一分，見馬秘書長紀壯。

六時○七分，見馬參軍長安瀾。

六時十五分，見張副秘書長祖詒。

1月23日　星期六

上午

八時三十四分，至圓山飯店理髮。

九時十三分，在府見秦主任委員孝儀。

九時三十五分，見謝副總統。

九時五十五分，見駐美採購團主任溫哈熊。

十時二十八分，主持財經座談，與會者有孫院長運璿、
馬秘書長紀壯、俞總裁國華、經濟部趙部長耀東、財政
部徐部長立德等。並提出指示，要有效調配公私資源，

充分供應工商資金，務使全體同胞均能過愉快春節。

十一時五十分，見憲兵司令劉馨敵及警政署長何恩廷。

財經座談指示

一、三個多月前，政府頒布的紓解工商業困難措施，對於工商業當前困難的解決，已漸產生預期效果。政府與工商界今後應對長期工作，透過新四年經建計畫的執行，作更進一步的努力。四年計畫主要目標就是要全面提高我國經濟的平均生產力。因此各單位在細部措施與方案的擬訂及推動上，都應朝此方向去努力，尤望民間企業亦能充分瞭解，我國經濟能否在未來國際強烈競爭下持續茁壯，實繫於現階段產業技術能否如期升級，因此在進行企業計畫時，必須要把眼光放遠，配合經建計畫的發展方向，以提高企業體質，作為追求長期最大利潤的主要策略。

二、為提高技術水準，國際間的科技交流與合作是值得重視的途徑。除歐美之外，日本目前在科技研究與發展方面的成就與作法，有許多值得我們借鏡。日前中日雙方已簽訂了為期五年的科技合作協定，希望政府科技研究單位、學術界及企業界能把握此一機會，善加利用，爭取技術的移轉，使在國內生根。同時研究日本利用其在專利、商標、標準制定等方面，促進科技成長的制度因素，以作為我國科技發展制度現代化的參考。

三、為有效調配公私部門的資源，政府下年度預算對公

共支出將加以核減，期有更多的資源讓民間企業運用，以提高資源運用的生產效率。但為期總投資需求不因公共支出的減少而降低，希望民間企業能積極發掘有發展潛力的產業，加強投資，以促進經濟的持續成長。

四、為促進民間企業增強投資，金融的有效配合亦為重要關鍵因素之一。今後如何建立健全的金融制度，加強金融體系吸收存款的能力，使儲蓄者願意將資金存入銀行，以增進中長期資金之供應來源，宜詳加研究規劃，俾利企業投資之需要。

五、農曆春節即將來臨，春節前物資供應充裕，物價安定，金融機構亦能充分支應工商界所需的資金，務使全體同胞能過一個愉快的春節。展望今年如無特殊變化，物價將獲得相對穩定。我在去年初的財經會談中曾指出：「穩定是健全成長的基礎」，現階段我們就應在此一基礎上，秉持過去克服困難的經驗，勇猛精進，突破各種瓶頸，向成長的步伐邁進，開創未來光明的遠景。

1月24日　星期日

下午

三時二十二分，在大直寓所見張副秘書長祖詒。

三時四十八分，見外交部錢次長復。

五時五十分，偕同夫人至慈湖，恭謁先總統蔣公陵寢，然後和家人同進年夜飯，共度農曆除夕。

晚間

透過電視向全國同胞發表除夕談話，勉勵國人更加奮發努力，使三民主義的甘霖普降大陸，讓華夏泥土重新滋生出溫暖與芬芳。

除夕談話

親愛的父老兄弟姐妹們：

今晚是農曆年的除夕，也是家家團圓吃年夜飯的時候，經國因為近來在臺北公務比較忙，少到各地方去訪問，但心中無時不以大家的生活為念，所以現在首先要在電視機面前，向大家拜個早年，問候各位，並且說一聲：「大家好，大家辛苦了！」

回顧過去的一年，在國家建設上，有很多進展，得到不少成果，這都是全國同胞的辛勤、努力、奮鬥所換來的。同時也遭遇到許多的困難，甚至發生了多次天然災害，使民眾的生命財產受到損失，更是靠著大家的堅忍、互助、合作，才能衝破一重重的障礙，克服了一道道的難關，經國在此特別要向大家表示由衷的敬意和謝意。

尤其值得欣慰的是在面臨國家一些重大問題和事情的時候，大家都能以理性的方法，和衷共濟的態度來處理，來改進。這種團結、和諧、以國家利益為重的氣象，是使我們國家堅強屹立最寶貴的力量。相信只要我們全國一心，繼續發揚這種祥和、理智的團隊精神，那麼一切問題都可迎刃而解。

展望新的一年，雖然國際經濟不景氣的壓力仍就存

在，但對我們中華民國的經驗來說，愈大的壓力愈能激發我們愈大的動力，為此政府將和民眾永遠站在一起，以民之利為利，盡一切力量，負起應負的責任，做應做的工作，來維護國家和社會的安定，促進農、工、商各業的繁榮，和改善國民的生活品質，並為民眾解決各種困難的問題，使大家的生活過得更平安、更快樂。也就是讓我們共同以繼往開來的精神，切實貫徹勤儉的美德，更進一步奮力向前，開創新的局面。

只是當我們家家戶戶在自由的天地裡，歡歡喜喜過年的時候，不要忘了大陸苦難的同胞，只因陷身共匪暴政之下，過著與我們全然不同的日子，為了要給大陸同胞帶去新年的新希望，我們就該更加的奮發，更加的努力，早日使三民主義的甘霖普降大陸，讓華夏泥土重新滋生溫暖與芬芳。

親愛的同胞們！每在新春歲首，大家都要相互祝福，說聲恭喜，萬事如意。經國現在除了至誠的向大家恭賀新禧之外，更願人人奮發創新，家家吉祥如意！

讓我們以至樂的心情與無比的自信，迎接新的明天和新的一年！

謝謝大家！

1月25日　星期一　農曆元旦
上午

十一時四十分，巡視七海營區。

下午

四時○一分，至士林官邸。

四時十分起，先後至陳資政立夫、何一級上將應欽、吳資政經雄、張資政羣等寓所賀節。

1月26日　星期二

下午

三時起，先後至陳譚祥女士、黃一級上將杰、顧一級上將祝同、俞總裁國華、嚴前總統、黃院長少谷等寓所賀節。

七時四十六分，在大直寓所見秦主任委員孝儀。

1月27日　星期三

上午

九時四十八分，在大直寓所見余南庚博士夫婦。

下午

二時五十五分，見文化工作會周主任應龍。

五時二十六分，至孫院長運璿寓所賀節。

1月28日　星期四

下午

三時五十五分，在大直寓所見馬秘書長紀壯、張副秘書長祖詒、余南庚博士、榮民總醫院鄒院長濟勳、林主任和鳴、姜主任必寧。

五時十八分，在府見宋局長楚瑜。

六時〇一分，見宋部長長志。

六時二十分，見張副秘書長祖詒。

六時三十八分，見國防部總政戰部王主任昇。

1 月 29 日　星期五

【無記載】

1 月 30 日　星期六

上午

八時三十八分，在中央黨部見蔣秘書長彥士。

九時十分，見秦主任委員孝儀。

九時二十四分，在府見駐美採購團主任溫哈熊。

九時五十分，分三批見軍方調職人員空軍中將張維烈等
三十二人。

十時五十分，見汪顧問道淵。

十一時〇五分，見郝總長柏村。

十一時三十四分，見張副秘書長祖詒。

十一時五十三分，見馬秘書長紀壯。

1 月 31 日　星期日

下午

四時五十分，在大直寓所見孫院長運璿。

2月1日　星期一
下午

四時，在大直寓所見榮民總醫院眼科主任林和鳴。

2月2日　星期二
上午

八時四十一分，至圓山飯店理髮。

九時十八分，在府見馬秘書長紀壯。

九時二十八分，見七海警衛組副組長蔣志太（退伍）。

九時三十三分，見聯勤蔣總司令緯國。

九時五十八分，主持軍事會談，對軍憲警及交通從業人員，在春節期間，犧牲奉獻及為民服務的精神，特表示嘉勉與由衷的謝意。

十時五十分，見孫院長運璿。

十一時○五分，見宋部長長志及郝總長柏村。

十一時十八分，見馬秘書長紀壯。

下午

三時五十分，在大直寓所集體見余南庚、馮柱國、林和鳴、劉榮宏等醫師。

七時五十一分，見秦主任委員孝儀。

八時三十六分，見郝總長柏村。

2月3日　星期三
上午

八時十九分，在中央黨部見蔣秘書長彥士。

九時，主持中常會，並以「我們共同的革命精神和志節是復國的基礎」為題，發表講話，勗勉全黨同志，一切以復國為前提，一切以建國為目標，不以一時的困難而稍挫銳氣，不以一時的得失而自亂步驟，為民為國，念茲在茲。

十時○三分，見嚴常委家淦及孫院長運璿、蔣秘書長彥士、馬秘書長紀壯等。

十時二十三分，見錢次長復。

十時二十六分，見俞總裁國華。

十時三十七分，見蔣秘書長彥士。

十時五十八分，至榮民總醫院。

下午

一時三十分，進行眼疾手術治療，並住院調護。

行政院新聞局發布消息，說明總統日前體檢結果良好，今日進行視網膜手術治療，經過十分順利。

我們共同的革命精神和志節是復國的基礎

今天是春節過後第一次中央常會，經國首先要向各位同志拜個晚年，祝大家新春如意，同時要和大家談談我們當前所負的責任和今後奮鬥的方向。

去年這一年，是我中華民國慶祝建國七十週年的一年，全國同胞都是精神振奮，意志昂揚，所以即使在國際經濟不景氣、世界政治多變化、大陸共匪謀我日亟的情勢之下，我們臺澎金馬復興基地，仍然保持了政治

的安定、經濟的成長、社會的和諧。這主要是由於我們
全體同胞、全黨同志，都能深體國難方殷，必須戒慎恐
懼，積極奮發；也更深知必須操危慮深，劍氣內斂，才
能精純奮勵，堅忍圖成。

　　本黨八十七年來的革命歷史，就是一個一連串驚濤
駭浪的歷程。從辛亥、北伐、抗戰以至今日，我們始終
以革命精神建黨，以民主原則建國，其間雖橫逆有加，
挫折頻仍，我全黨同志與人民仍然創造了每一階段的光
榮史蹟，所有政治、經濟、社會、文化的建設，無不是
全民族精誠血淚交織而成。本黨對於國家建設，始終是
依據國父的三民主義，有遠程目標、中程方向和近程計
劃，憑著我們不為利誘、不為勢劫的精神和立場，去奮
鬥實現的。如果說，沒有本黨結合全國、仁人志士致力
國民革命，則近代中國的歷史和現代化的過程，其將如
何？如何能有中華民國屹立於世界？如何能為保全民族
生命而持續發展？又如何能有今日全民希望所寄的立國
根基和全民支持的反共復國團結中心？

　　當然，這一方面是本黨有主義，有原則，有革命方
法，有實施民主憲政的決心；另一方面亦就是全體同胞
對本黨深具信心，共同確認本黨主義能夠救中國、建中
國，從而萬眾一心，共同奮鬥。所以我們今天可以說，
凡是愛國的海內外同胞無不人人痛惡共匪，念念光復大
陸，國家民族大義所在，誰也不能自外於這一行列，誰
也不肯自外於這一行列。同時全體同胞和本黨同志，都
非常明白，中國統一的道路，要靠大家的力量來開拓，
現代化的國家建設，要靠大家的血汗來完成；三民主義

統一中國的大業，更要靠大家的智慧、力量來貫徹；而
當前最重要的使命，是大家要盡一切力量，支援大陸同
胞奮起抗暴，推翻匪偽政權。

在這國家多難而卻又充滿希望的時刻，本黨同志務
必體認國父革命建國的精神，貫徹總裁光復大陸的遺
志，而尤須達成我們共同復國的要求，那就是：

第一要天下為公──我們的黨是革命民主政黨，一
切開大門、走大路，不為一黨之私，更不為一己之利，
捨棄個人小我，貢獻於國家民族的大我。

第二要能明恥教戰──共匪一日未滅，大陸同胞的
痛苦即日深一日，而我們反共復國大業也一日尚未完
成。因之唯有臥薪嘗膽，激勵意志，發揚戰鬥精神，才
能堅此百忍，以圖最後的成功。

第三就是要枕戈待旦──今天共匪對我內則分化，
外則孤立，陽則擴大對我們的和談統戰，企圖麻痺我們
的意志，陰則加緊軍事的威脅，想以武力侵奪復興基
地。這一情勢，十分顯然，所以我們決不能在友人的善
意下苟安，在敵人的統戰下鬆懈。

第四我們要精誠團結──不分畛域，不分黨派，以
國家之利為利、民眾之害為害，公利共成之，公害共去
之，來建造安和樂利的社會，貫徹三民主義統一中國的
目標。

記得在十多年以前，總裁昭示我們，在救國保種，
貫徹民主政治的大行動之中，我們的黨，一切準備不要
落在形勢發展的後面，而要走在社會進步的前面，也就
是說，我們必須使每一黨員的精神、智慧和能力，乃至

於生命自由，都能貢獻於黨，並為黨所用，要以組織的精進，擴大全面的參與，要以政治的主張，和全體民眾在一起，來為民服務。

總之，今天全黨同志，一切作為都應以復國為前提，一切籌計都應以建國為目標，面對現實，共濟艱難，不以一時的困難而稍挫銳氣，不以一時的得失，而自亂步驟，為民為國，念茲在茲。

現在我謹宣讀總裁一段重要的提示以與全黨同志共勉：

總裁說：我們一切精神、智慧、力量，都要為反共復國來打算，來規劃，來行動。面對大陸、面對苦難同胞、面對敵人奸匪、面對世界局勢，以盡其在我、求其在我的革命勇氣和決心，發揚踔厲，精思力踐。如何以鞏固黨基？如何以振發人心？如何以培養國力？如何以消滅共匪，復興國家？必使每一分時間、空間，每一分物力、人力，都用在這個共同志業的上面。

我們共同的復國的精神在此，我們共同的復國的志節亦在此。

2月4日　星期四
【無記載】

2月5日　星期五
下午

一時十四分，在榮民總醫院見魏顧問景蒙。

四時三十分，見秦主任委員孝儀。

五時四十八分，見孫院長運璿。

2月6日　星期六
【無記載】

2月7日　星期日
中午

十二時三十八分，在榮民總醫院見秦主任委員孝儀。

下午

四時二十三分，見孫院長運璿及錢次長復。

八時二十八分，見張學良夫婦。

2月8日　星期一
下午

七時四十五分，在榮民總醫院見張副秘書長祖詒。

2月9日　星期二
下午

八時，在榮民總醫院見宋局長楚瑜。

2月10日　星期三
下午

四時二十五分，在榮民總醫院見魏顧問景蒙。

七時五十八分，見秦主任委員孝儀。

2月11日　星期四
上午

八時五十三分，在榮民總醫院見秦主任委員孝儀。

下午

八時，見國家安全會議沈秘書長昌煥。

2 月 12 日　星期五
【無記載】

2 月 13 日　星期六
上午

十時五十八分，在榮民總醫院見嚴前總統。

下午

三時三十五分，見沈秘書長昌煥。

2 月 14 日　星期日
上午

九時十六分，由榮總移駐一號賓館。

下午

三時三十五分，在一號賓館見魏顧問景蒙。
四時十分，見俞總裁國華。

2 月 15 日　星期一
上午

十時，在一號賓館見新加坡總理李光耀。

下午

四時十六分，見秦主任委員孝儀。

2月16日　星期二

上午

十時，在一號賓館見孫院長運璿、蔣秘書長彥士及馬秘書長紀壯。

下午

五時三十五分，見蔣秘書長彥士。

2月17日　星期三

下午

三時五十五分，在一號賓館見宋主任委員時選。

五時二十分，見聯勤蔣總司令緯國。

七時，見沈秘書長昌煥。

2月18日　星期四

下午

六時〇五分，在一號賓館見孫院長運璿。

2月19日　星期五

晚

八時四十五分，在一號賓館見秦主任委員孝儀。

2月20日　星期六

上午

八時四十八分，在一號賓館見聯勤蔣總司令緯國。

2月21日　星期日

晨

四時二十分，由一號賓館移駐榮民總醫院。

下午

四時，在榮民總醫院見嚴前總統、孫院長運璿、馬秘書長紀壯及沈秘書長昌煥。

2月22日　星期一

下午

四時三十五分，在榮民總醫院見鄧述微、熊丸及陳耀翰等。

四時五十五分，見馬秘書長紀壯及沈秘書長昌煥。

2月23日　星期二

下午

六時五十分，在榮民總醫院見秦主任委員孝儀。

2月24日　星期三

下午

七時五十分，在榮民總醫院見秦主任委員孝儀。

八時十六分，見宋局長楚瑜。

2月25日　星期四

上午

九時五十分，在榮民總醫院見汪顧問道淵。

下午

七時五十五分，在榮民總醫院見孫院長運璿。

2月26日　星期五

上午

十時五十七分，在榮民總醫院見謝副總統。

下午

四時三十五分，見司法院黃院長少谷。

七時五十分，見蔣秘書長彥士。

2月27日　星期六

下午

三時五十七分，在榮民總醫院見俞總裁國華。

六時三十五分，見聯勤蔣總司令緯國。

2月28日　星期日

下午

三時五十六分，在榮民總醫院見馬秘書長紀壯。

六時十分，見秦主任委員孝儀。

3 月 1 日　星期一
【無記載】

3 月 2 日　星期二
上午

十一時三十分，在榮民總醫院見郝總長柏村。

下午

四時，在榮民總醫院見魏顧問景蒙。

八時，見國防部宋部長長志。

3 月 3 日　星期三
下午

四時〇八分，在榮民總醫院見沈秘書長昌煥。

六時四十五分，見孫院長運璿。

七時三十五分，見宋局長楚瑜。

3 月 4 日　星期四
下午

三時四十分，在榮民總醫院見馬秘書長紀壯。

五時四十分，見聯勤蔣總司令緯國。

3 月 5 日　星期五
上午

九時十一分，在榮民總醫院，見秦主任委員孝儀。

下午

四時二十三分，在榮民總醫院見魏顧問景蒙。

五時，見沈秘書長昌煥。

七時三十三分，自榮民總醫院乘車出發，巡行臺北市區。路線為天母三路、中山北路、忠孝西路、中華路、桂林路、康定路、和平西路、愛國西路、愛國東路、杭州南路、仁愛路、敦化南路、敦化北路、民權東路，然後再經中山北路、天母三路，返回榮民總醫院。

3月6日　星期六
下午

七時四十分，在榮民總醫院見蔣秘書長彥士。

3月7日　星期日
上午

九時十六分，至圓山飯店理髮。

下午

四時，在榮民總醫院，見馬秘書長紀壯。

3月8日　星期一
下午

三時五十四分，在榮民總醫院見秦主任委員孝儀。

七時四十五分，見魏顧問景蒙。

3 月 9 日　星期二

下午

四時四十二分，在榮民總醫院見沈秘書長昌煥。

八時十一分，見蔣秘書長彥士。

3 月 10 日　星期三

下午

三時五十八分，自榮民總醫院乘車往淡水散步。

五時二十三分，在榮民總醫院見聯勤蔣總司令緯國及戴安國先生。

五時四十七分，見秦主任委員孝儀。

3 月 11 日　星期四

下午

三時十六分，偕同夫人自榮民總醫院乘車至新店散步；回程時，經大直寓所而至榮民總醫院。

五時十二分，在榮民總醫院見沈秘書長昌煥。

3 月 12 日　星期五

下午

三時三十四分，由榮民總醫院乘車至基隆散步。

六時四十八分，在榮民總醫院見秦主任委員孝儀。

七時五十分，見孫院長運璿。

3月13日　星期六

下午

四時二十二分，在榮民總醫院見俞總裁國華。

四時五十分，見沈秘書長昌煥。

八時三十一分，見秦主任委員孝儀。

3月14日　星期日

上午

九時十九分，至圓山飯店理髮。

九時五十二分，至總統府處理公務。

下午

四時○八分，在榮民總醫院見魏顧問景蒙。

四時四十三分，見孫院長運璿。

五時十五分，見沈秘書長昌煥、馬秘書長紀壯、蔣秘書長彥士。

今日致電立法院院長倪文亞並轉全體立法委員，對他們來電慰問眼疾，表示感謝。

3月15日　星期一

上午

九時二十七分，抵總統府。

九時三十分，見沈秘書長昌煥。

九時四十二分，見蔣秘書長彥士。

十時，主持國家安全會議，首先對於大家對他眼疾手術

治療情形的關懷和問候，表示十分的謝意。在聽取總預算案報告和與會人員的意見後，並作了多項裁示，希望針對國際經濟潛在衝擊妥謀因應，同時期勉重振克難精神，達成真正節約要求。

十一時〇五分，見嚴前總統。

國家安全會議四項裁示

一、行政院擬送「七十二年度中央政府總預算案編列情形報告」，各級政府淨支出較七十一年度預算增加百分之八點三，而中央政府支出較七十一年度預算僅增加百分之六點五，顯示政府重視地方基層建設，應予備查。

二、七十二年度中央政府總預算收支差短所佔歲入總額的比例，較七十一年度為小；歲出的分配，仍以國防、外交支出居首位，增加率以教育、科學、文化支出為最大；同時，基於適度緊縮公共投資的政策目標，關於經濟建設及交通支出，因十二項建設已大部分完成，故較七十一年度減少。凡此，均為因應當前國家情勢所必需，希即以所報收支情形為基礎，編製中央政府總預算案。

三、根據國家總資源供需估測所顯示的趨勢，我國經濟正在逐漸復甦，惟因國際經濟情勢的變化，仍屬難測，對我可能的潛在衝擊仍大，政府各有關部門必須充分注意，妥謀因應。關於預算的執行，尤應重振克難精神，徹底杜絕浪費，達成真正節約的要求。

四、本日與會人員發表的意見，請行政院研參辦理。

3月16日　星期二

下午

三時二十五分，在榮民總醫院見張副秘書長祖詒。

四時五十二分，抵總統府。

四時五十七分，見沈秘書長昌煥。

今日致電國民大會全體代表，對他們來電關注治療眼疾之情誼，表示謝意。

3月17日　星期三

上午

八時三十六分，在榮民總醫院見宋局長楚瑜。

下午

三時五十分，抵總統府。

四時十三分，見孫院長運璿。

四時五十七分，接見來華訪問之美國共和黨全國委員會外交顧問艾倫，就中美關係與國際局勢，廣泛交換意見。

五時三十一分，見俞總裁國華。

五時五十八分，見宋局長楚瑜。

今日致電監察院余院長並轉全體監察委員，感謝他們來電存問。

3 月 18 日　星期四

下午

三時十分，在榮民總醫院見魏顧問景蒙。

四時二十二分，由魏顧問陪同至總統府。

四時三十八分，見蔣秘書長彥士。

五時二十分，見馬秘書長紀壯。

3 月 19 日　星期五

下午

三時二十二分，偕同夫人自榮民總醫院返大直寓所。

三時四十七分，自大直寓所赴總統府。

四時，在府見汪顧問道淵。

四時二十八分，見張副秘書長祖詒。

五時十分，見郝總長柏村。

五時二十九分，見蔣參事孝佐。

八時，在榮民總醫院見秦主任委員孝儀。

3 月 20 日　星期六

上午

九時，在榮民總醫院見馬秘書長紀壯。

下午

三時五十五分，在榮民總醫院見陳資政立夫。

3月21日　星期日

上午

八時三十分，至圓山飯店理髮。

下午

五時四十五分，在榮民總醫院見沈秘書長昌煥。

3月22日　星期一

下午

四時三十三分，至總統府。

四時三十八分，見馬秘書長紀壯。

五時十六分，見蔣秘書長彥士。

3月23日　星期二

上午

九時十五分，在榮民總醫院見秦主任委員孝儀。

下午

五時十九分，赴總統府。

五時四十二分，見郝總長柏村。

六時○一分，見馬秘書長紀壯。

六時二十二分，見國防部宋部長長志。

八時，在榮民總醫院見秦主任委員孝儀。

3 月 24 日　星期三

下午

四時〇五分，在榮民總醫院見魏顧問景蒙。

五時二十二分，赴總統府。

五時五十四分，在府見孫院長運璿。

六時三十五分，見馬秘書長紀壯。

3 月 25 日　星期四

下午

三時五十三分，至總統府。

四時十五分見張副秘書長祖詒。

五時，接見日本故首相佐藤榮作夫人等六人，對佐藤夫
人為遵行佐藤榮作先生遺囑，將其家藏的我國唐三彩一
尊，贈與我國國立故宮博物院收藏展示，永惠世人，深
表讚佩之意。

五時二十分，見馬秘書長紀壯、蔣秘書長彥士及沈秘書
長昌煥。

六時〇八分，巡視憲兵司令部及空軍總部，殷殷垂詢官
兵工作及生活狀況。

八時十八分，在榮民總醫院見該院院長鄒濟勳。

3 月 26 日　星期五

下午

四時〇一分，至總統府。

四時十三分，見張副秘書長祖詒。

四時四十二分，見總統府第一局副局長馬英九。

四時五十六分，接見美國美中經濟協會理事長大衛‧甘乃迪。

3月27日　星期六

下午

三時〇八分，在榮民總醫院見秦主任委員孝儀。

四時五十七分，赴總統府。

五時三十四分，見沈秘書長昌煥。

3月28日　星期日

上午

十時三十三分，至圓山飯店理髮。

下午

四時十八分，在榮民總醫院見孫院長運璿、魏顧問景蒙。

五時五十五分，見張副秘書長祖詒。

今為青年節前夕，總統特請救國團主任潘振球，轉達他對全國青年關懷的感謝之意；並希望青年朋友們，體認時代使命，在工作崗位上不斷努力。（救國團社會組在今日下午二時舉行的青年獎章得獎人及社會優秀青年歡迎茶會中，提出以上的報告。）

3 月 29 日　星期一

上午

九時五十八分,抵忠烈祠。

十時,主持中樞紀念革命先烈及春祭陣亡將士典禮;並慰問先烈遺族及子弟代表。

十一時十五分,在榮民總醫院見馬秘書長紀壯。

下午

四時五十四分,在榮民總醫院見立法院倪院長文亞。

五時五十五分,見臺灣省政府主席李登輝。

八時,乘車自榮民總醫院出發,巡行永和、中和、板橋、新莊、三重等市。

3 月 30 日　星期二

下午

四時四十六分,在榮民總醫院見孫院長運璿、馬秘書長紀壯、蔣秘書長彥士、沈秘書長昌煥。

3 月 31 日　星期三

上午

九時三十四分,在榮民總醫院見振興復健中心院長鄧述微。

下午

四時四十八分,見俞總裁國華。

4月1日　星期四

下午

一時四十八分，抵總統府。

二時〇六分起，分別見馬秘書長紀壯、張副秘書長祖詒、本府第一局副局長馬英九。

三時五十八分，見司法院黃院長少谷。

四時五十六分，見印度尼西亞國務部長哈比貝。

五時二十分，見外交部次長錢復。

4月2日　星期五

下午

三時十分，在榮民總醫院見汪顧問道淵及魏顧問景蒙。隨後，由汪、魏兩位顧問陪同，至陽明山竹子湖散步。

4月3日　星期六

上午

九時四十五分，在榮民總醫院見蔣秘書長彥士。

下午

四時二十八分，在榮民總醫院見孫院長運璿、馬秘書長紀壯、沈秘書長昌煥、蔣秘書長彥士及文工會周主任應龍。

五時二十分，見戰略顧問王叔銘將軍。

4 月 4 日　星期日

上午

九時五十分，至圓山飯店理髮。

下午

五時○二分，抵達慈湖，恭謁蔣公陵寢，並夜宿慈湖守靈追思。

4 月 5 日　星期一　先總統蔣公逝世七週年紀念日

今晨，公偕同家人，一齊恭向蔣公陵寢行禮默禱。同時也發表了「七年的思慕和信念」一文，敬以表達對父親無限的思慕和對國家光明前途的無比信念。

上午

十時二十分，在慈湖見高雄市政府秘書長許水德等三人。

十時四十六分，見謁陵民眾陳鴻仁等六十人，對各地民眾遠道前來追念蔣公之悃誠，表示謝意。

十一時三十分，見沈秘書長昌煥。

下午

三時十五分，接見由日本前首相岸信介所率領前來我國參加先總統蔣公逝世七週年紀念大會之代表團一行四人（除岸氏外，尚有藤尾正行、佐藤信二、椎名素夫等），對他們謁陵致敬，表示謝意。並和他們親切晤談。

七年的思慕和信念

　　父親逝世，已經七週年了。回憶七年以前，風雨悽屬的情景，和全民震撼的悲慟，畢生難忘。追思父親一生，為國獻身，移孝作忠，真可以說做到了「為國家盡全忠、為民族盡大孝。」父親的所言所行，確實為我全體同胞立下了教忠教孝的範型。在經國心中，更是時時刻刻，彌懷不已，思慕不已。

　　七年之中，國家歷經無情的、重大的打擊和挫折，可是政府和人民，所共同表現的親愛精誠、團結奮鬥，正就是忠於國家、孝於民族的大義與精神，發出了最高的光輝。尤其是經國看到復興基地同胞，自動自發，扶老攜幼，參加各處升國旗的典禮；看到海外僑胞，為維護國格人格，而群起挺身去和邪惡戰鬥的事實；不僅深深感動，也更確信我中華民族人人都充滿了忠孝的天性，人人都在為祖宗、為國家爭氣！

　　古人教孝，不單是善事父母，尤重要繼祖先之志。古人教忠，不只重視盡己之力，更強調不辭危難，竭誠以赴。我國數千年來，一直以忠孝為八德之先，視忠孝為立國之本。父親天性純孝，把「忠」「孝」二字推進到更崇高的境界，認為「孝」開始於事親，擴大於報國，終成於立身，使「孝」與「忠」昇華合一，塑造偉大人格。所以父親在家克盡孝道，在國矢志忠貞，始終不懈，實非偶然。而使我感受最深的，是父親五十歲時曾寫一篇「報國與思親」的文章，內中有二句話：「男兒惟以身許國，乃為無忝於所生。」充分表達了要把孝順的心，擴大為民族感情，去敬愛民族，奉獻於國家。

父親六十歲誕辰那一天，又再寫了一段非常感人的話：「虛度六十，馬齒徒長，對母親未報作育之恩，對國家未盡忠孝之職。」其實那時正是抗戰勝利，大功告成，舉國騰歡的時候，而父親尚且那樣謙卑，以親恩未酬、德業未竟為憾，真是做到了孟子所說「大孝終身慕父母了」。

七年以來，復興基地同胞，雖然在逆境之中奮鬥，但是大家始終確認父親的精神與我們常相左右，因此乃能同心一德，同甘共苦，各自於其倫理、民主、科學各個建設崗位上，都竭誠的盡己之力，在我國家危急存亡之秋，發揮憂患意識，貢獻智能，使我們不但無所迷失，而且更加奮勵向前，把復興基地上三民主義建設的楷模，由海內海外和大陸上全體中國人，一致肯定的推展到「以三民主義統一中國」的歷史里程之中。這全民一心的奮鬥方向，正就是實踐盡忠盡孝的具體表現。

今天我們最重大而迫切的歷史任務，就是「光復大陸國土」遺命的達成。大陸上億萬同胞，在極端痛苦之中望援待救，他們的唯一希望就在於我們中華民國──政府與人民。如果我們不能竭誠盡力去救那裡的同胞骨肉，就無人能救得了他們！如果我們不下定決心去盡這個大責重任，絕對沒有誰能代替我們！所謂「義不容辭」、「責無旁貸」，就是我們所應有的使命感和責任心！今天共匪在無休無止、無所不用其極的大搞「統戰」花招，其邪惡目的，就是要阻擋我們解救大陸同胞，要消滅大陸同胞得救的一切曙光和希望，但這絕對不是共匪阻擋得了、分化得了的！因為，我們的決心，

和大陸同胞的向心，才是決定中國之命運的合成心力。

　　大陸淪陷，為中華民族的一頁痛史。記得三十八年十二月十日那一天。父親離開成都軍校前來臺灣的時候，曾經命令我隨侍一旁，父子兩人，面對國父遺像、國旗，高唱國歌，當時的情景，真是沉痛、蒼涼而悲壯！因為自那個時刻之後，大陸上就很難再看到青天白日的旗幟，大陸同胞完全失去了生命自由的保障！但是，父親早就激勵我們立下了民族的志節和信念，那就是：一定有一天，我們要在大陸上重新升起國旗，一齊再唱國歌！

　　所以這些年來，每當我看到父老同胞，自動的於晨光寒雨中參加升旗典禮、同唱國歌，每當我看到海外的中華兒女，堅持對匪戰鬥的感人場面，都會使我立即想到那寸心如割的歷史性的一刻！尤其是在若干國際性的體育活動中，一方面總有共匪抵制我們國旗、國歌的邪惡行為，一方面則必有國旗如海、國歌震天的民族正氣，以奪共匪之魄，寒敵人之膽，這些都令我記憶起那沉痛悲壯的情景。同時也愈益堅定我重整河山的決心和信心！

　　父親再三告訴我們：「光復大陸，是我們堅持奮鬥的首一目標，決不能以其他次要問題，而忽視此首一目標，反為共匪所利用以逃避其垂死的命運！」大家之所以堅此百忍，為的就是要達成父親這一心心念念的首要目標。我們忍於內，是重視民族情感，以謀和諧團結；我們忍於外，是鬥志而不鬥氣，以期有志竟成。但是我們以革命精神、捍衛民主、循憲政體制、貫徹三民主義

的大經大本，是絕對不會猶疑搖撼的。今天在此慎終追遠的民族掃墓節日，經國願與我全國同胞，共同誓告：我們要重行在大陸上升起青天白日滿地紅的國旗，重行在大陸上高唱中華民國的國歌；一齊以大忠大孝的民族精誠志節，來貫徹「以三民主義統一中國」，以此告慰我中華民族的祖先，告慰國父、先烈，告慰父親在天之靈。

4月6日　星期二
下午

五時〇八分，在榮民總醫院作體格檢查。

4月7日　星期三
下午

四時二十三分，在榮民總醫院見魏顧問景蒙。

五時二十分，見孫院長運璿。

九時〇四分，見臺灣省黨部宋主任委員時選。

4月8日　星期四
上午

八時〇七分，至總統府。

八時四十二分，在府見宋部長長志。

九時十二分，見馬秘書長紀壯。

九時四十二分，見沈秘書長昌煥。

十時十九分，見海軍鄒總司令堅。

下午

四時十分，自榮民總醫院至中央黨部，接蔣秘書長彥士，而後抵府。

四時三十分起，與蔣秘書長晤談約半小時。

五時十五分，見郝總長柏村。

五時四十三分，見孫院長運璿。

4月9日　星期五

上午

十時〇七分，抵總統府。

十時四十二分，見馬秘書長紀壯。

4月10日　星期六

上午

九時五十五分，在榮民總醫院見魏顧問景蒙。

下午

三時十九分，抵總統府。

四時〇二分，見蔣秘書長彥士。

四時五十四分，約集嚴前總統、孫院長運璿、黃院長少谷、馬秘書長紀壯、沈秘書長昌煥、蔣秘書長彥士、朱部長撫松、宋部長長志、郝總長柏村等座談。

4月11日　星期日

下午

四時五十五分，自榮民總醫院乘車赴陽明山竹子湖

散步。

4月12日　星期一
上午

九時〇八分，在榮民總醫院見馬秘書長紀壯。

下午

四時三十五分，在榮民總醫院見汪顧問道淵。

行政院國軍退除役官兵輔導委員會七十一年輔導會議，於今日揭幕，總統特頒書面致詞，勉勵全體榮民繼續發揚「忠貞、團結、誠樸、開創」的傳統精神，為達成以三民主義統一中國光復大陸的革命任務，共同努力奮鬥。

行政院國軍退除役官兵輔導委員會七十一年輔導會議書面致詞

鄭主任委員並轉七十一年輔導會議全體榮民代表暨輔導會各位同仁：

　　一年一度的輔導會議，使大家可以共聚一堂，檢討已往工作得失，策劃未來業務發展以保證輔導事業的永續成長進步，也讓大家可以藉機互相勉勵，加強團結，創造更佳成果，爭取更大榮譽。

　　輔導會成立二十八年以來，為國家做了不少事情，完全是我們榮民弟兄和輔導會的工作同志，長年累月的艱苦奮鬥，一點一滴的血汗結晶。經國個人也曾實際參

與輔導會的工作，與我全體榮民弟兄，更有一種血肉相
連、手足情深的親切感情。因此，對於大家的成就，最
感欣慰，也倍加關切大家的生活、健康、工作及事業前
途，更對全體榮民寄以至大的期許厚望！

　　國家由於處境的艱困，對於榮民的照顧，有些地方
還未達到十分理想，切盼輔導會能積極加強服務工作，
尤其對於年老、殘障、傷病及孤苦無依的榮民，加意照
顧。同時，希望全體榮民弟兄，珍惜既有的榮譽，貫徹
報國的初衷，繼續發揚我們榮民「忠貞、團結、誠樸、
開創」的傳統精神，為達成三民主義統一中國光復大陸
的革命任務，共同努力奮鬥！

　　祝福各位健康愉快！勝利成功！

4月13日　星期二

上午

十一時五十八分，在榮民總醫院見聯勤蔣總司令緯國，
並共進午餐。

下午

三時五十三分，至圓山飯店理髮。

四時二十三分，至總統府。

五時十分，見沈秘書長昌煥。

五時五十六分，見空軍郭總司令汝霖。

4 月 14 日　星期三

下午

三時五十七分，至總統府。

四時〇六分，見馬秘書長紀壯。

四時三十三分，見本府第二局局長王徵麟。（退伍前約
見）

五時，接見巴拉圭駐華大使安林格。

五時十三分，接見任滿返國前來辭行之哥斯大黎加駐華
大使高立輝。

五時三十分，接見美國聯邦眾議員狄馬利及狄克森。

五時五十七分，見沈秘書長昌煥。

六時〇四分，見郝總長柏村。

4 月 15 日　星期四

上午

十時四十五分，在榮民總醫院見蔣秘書長彥士。

下午

三時三十八分，至總統府。

三時四十九分，見俞總裁國華。

四時，約集孫院長運璿、馬秘書長紀壯、俞總裁國華、
徐部長立德、趙部長耀東等，舉行財經座談。於聽取財
經情勢簡報後，曾作了多項指示，要求有關各部會檢討
當前工商困難，協助其早日恢復景氣，並擬具進一步改
進方案，報由行政院核定實施。

財經情勢會報指示

一、最近兩年來世界經濟景氣衰退，似可看作為石油危
機以來，世界經濟結構大調整的一種延續，由於當
前的經濟調整，在本質上是一種結構的改變，故所
需時間較長，而工商業所遭遇的困難自多，我們必
需在克服當前困難的同時，兼顧產業結構的加速改
善，強化經營體質，並配合財政金融措施，減低其
生產成本，俾在景氣復甦來臨之際，掌握先機，取
得競爭優勢。

二、去年十月政府為紓解工商業的當前困難，已實施了
四項措施，半年來對多數行業已發揮濟助的功效。
但國內外經濟復甦仍尚有待，政府有關各部會應針
對當前經濟情勢，將該措施再逐項作一檢討，並根
據下列原則，擬具進一步改進方案，報由行政院核
定實施，以協助我工商業早日恢復景氣。

（一）採取租稅激勵措施，擴大投資抵減範圍並
延長適用期間，以鼓勵民間增加投資；對
策略性產業及重要生產事業，進口機器設
備，減輕其關稅負擔，以鼓勵工業加速現
代化；為改善企業財務結構，應鼓勵資本
累積，以增強企業體質；為強化貿易商組
織，對大貿易商應適用優惠稅率，以增強
出口競爭能力。

（二）繼續採取寬鬆金融政策，對策略性及重要
工業購置機器設備，給予長期低利貸款，
督導各行庫繼續加強辦理紓解工商業及建

1982 年 4 月

築業之困難融資。積極推動籌組民營工業
投資公司，以加速策略性工業發展。

（三）強化投資機構，全面簡化投資等各項行政
手續，成立聯合服務中心，為國內外投資
人提供所需之服務，以免投資人分向不同
單位接洽；對電子及資訊工業產品之稽查，
應儘量改善及簡化，以便利電子及資訊工
業之發展。

三、隨著經濟社會快速的發展，新的產品不斷出現，新
的行業與經營方式也不斷產生，因此使得當前社會
經濟關係較前更為複雜，希企業在經營理念與作法
上應隨時適應調整，並力求企業個別利益與社會整
體利益的調和；政府部門亦應隨時注意，並健全合
理的管理與管制法規，興利除弊，使不正常的經濟
活動盡速消減，正常的經濟活動納入正軌，協助其
發展。

四、由於稻米連年豐收，而需求量減少，致稻米庫存
量大增。為有效運用資源，今後稻米生產量應配合
國人消費之減少而適度降低。稻米減產後，輔導稻
田轉作時，應注重資源生產效率的提高。此外，農
業科技發展除應在傳統作物生產方面繼續謀求改進
外，還應力求生產型態的創新。積極改變作物的型
態，開發高價值作物及配合畜產發展所需的經濟作
物，以兼顧農民所得及資源的有效利用。

4月16日　星期五

下午

四時四十四分，在榮民總醫院見魏顧問景蒙。

五時十分，由魏顧問陪同，乘車巡行關渡、新北投、陽明山等處。

4月17日　星期六

下午

四時四十分，在榮民總醫院見秦主任委員孝儀。

4月18日　星期日

上午

九時三十五分，在榮民總醫院見秦主任委員孝儀。

下午

四時十五分，見魏顧問景蒙。

四時四十六分，見前陸軍武官員夏龍。

四時五十五分，見孫院長運璿。

4月19日　星期一

下午

二時五十七分，至圓山飯店理髮。

三時三十三分，至總統府。

三時三十七分，見馬秘書長紀壯。

四時〇五分，見第一局局長劉垕。

四時二十三分，見張副秘書長祖詒。

4 月 20 日　星期二

今日遷離榮民總醫院，返回大直寓所。

上午

九時四十分，至總統府。

九時五十三分，見外交部次長錢復。

十時三十五分，見謝副總統。

十時五十分，新任七位軍政首長在府舉行宣誓典禮，由總統親自主持監誓。參與宣誓者為：國防部副參謀總長（執行官）烏鉞上將、空軍總司令郭汝霖上將、臺北市市長楊金欉、高雄市市長許水德、國防部副參謀總長陳堅高中將及葉昌桐中將，以及僑務委員會副委員長黃乾。

十一時，見烏副總長鉞。

十一時〇九分，見空軍郭總司令汝霖。

十一時十五分起，分別見臺北市市長楊金欉及高雄市市長許水德，勉勵他們全心全意為民服務，盡心盡力建設地方，更希望臺北、高雄兩市政府要與臺灣省政府一齊為復興基地建設工作，配合努力，來創造出更豐碩的成果。

十一時三十分，見郝總長柏村。

下午

四時二十五分，在府見馬秘書長紀壯。

四時五十五分，見俞總裁國華。

五時三十分，見駐韓大使丁懋時。

五時五十分，見秦主任委員孝儀。

4月21日　星期三
【無記載】

4月22日　星期四
下午

四時○五分，在府見蔣秘書長彥士。

四時三十分，見馬秘書長紀壯。

五時十三分，見沈秘書長昌煥。

今日各報刊出經公總統前以書面答覆法國記者賀蘭德所提五個問題的全文，特為指出統一中國為全中國人民的共同願望，所以光復大陸是我們的基本國策，也是我們永遠不能改變的首要目標。

書面答覆賀蘭德所提五個問題

一、請問閣下對目前世局看法如何？

答：當前世局的動盪不安，導源於共產主義的侵略與擴張，以及共產集團中的蘇俄與中共為爭奪霸權對自由世界所產生的衝擊。西歐各國所面臨共產主義的主要威脅來自蘇俄，故中共在與蘇俄爭奪霸權鬥爭中，利用西歐各國擔憂蘇俄過度擴張的心理，採取拉攏西歐國家以牽制蘇俄的策略，中共渴求玩「美國」及「西歐」這兩張牌來增加中共的法碼，進而從中取利。其實西歐各國在經濟上大多屬於已開

發國家，共產主義已受一般民眾厭棄，西歐共同市場，已無形中將各會員國結合成一經濟實體，而北約的繼續維繫存在，均足以有效防禦外來的共黨勢力擴張。因此就蘇俄與中共爭奪霸權的衝突言，中共有求於西歐國家者，實遠甚於後者之求於中共。其實中共由於其貧窮落後，早已自顧不暇，自由世界每每高估其實力，欲藉玩「中共牌」以制衡蘇俄。而事實上，玩「中共牌」的結果，非但無法制止蘇俄之擴張，反而刺激蘇俄共黨集團加速侵略自由世界，中南半島的加速淪入共黨魔掌，以及蘇俄入侵阿富汗事件等，都是明顯的例子，所以玩「中共牌」最後的受害者仍是自由世界。

中華民國政府在臺灣勵精圖治，自立自強，在遠東與太平洋西岸已形成阻遏共產侵略擴張的重要安全力量，在戰略上有極重要的地位，故極樂意提供本身反共經驗與力量，與西歐各國共同聯合對抗共黨的侵略擴張，以謀促進世界人類的和平與福祉。

二、貴國是否仍以反攻大陸，統一中國為首要目標？

答：統一中國為全中國人民的共同願望，所以光復大陸是我們的基本國策，也是我們永遠不能改變的首要目標。近年來前往中國大陸的觀光客均發現當地雖資源豐富，但在共產制度統治下，人民物質生活極端缺乏，精神生活空虛。而曾經訪問此間的人士，則均能目睹在中華民國政府治理下的臺、澎、金、馬地區由於澈底推行三民主義的自由經濟制度，社會進步繁榮，民生安和樂利，人人不虞匱乏。兩相

對照，證明共產主義制度在中國大陸卅年來已經澈底失敗，人民徒增痛苦，一致嚮往我們在臺灣推行三民主義所獲致的自由富庶成就，紛紛提出要求以「經濟學臺灣」及「政治學臺北」的呼籲作為認同的目標。因此我們更有一種用三民主義來統一中國的崇高使命感，要與大陸同胞協手根除共產主義的禍害，以三民主義來重建民有、民治、民享的新中國。

三、貴國政府是否會接受統一中國問題與北平政權進行談判？

答：本人在前面已說明統一中國是全體中國人一致的願望，三十年來，中華民國政府和臺、澎、金、馬基地的一千八百萬同胞已將這自由樂土建設為一三民主義的示範地區，由全體國民來共享社會的進步繁榮，並不斷致力生活水準的提高與生活品質的改善。而中國大陸受禍於共產主義，不僅人民失去自由，而且民生窮困落後，生活水準大幅度降低，更談不到生活品質，甚至連人性基本尊嚴均蕩然無存，共產主義天堂的謊言早已不攻自破，而大陸同胞對於實行三民主義成就卓著的自由祖國之追求，也已成為無可抑壓的時代浪潮。因之，三民主義下的社會和共產主義下的社會是兩種截然不同的制度，絕無談判的餘地。

四、如果統一是不可能的，請問閣下以臺灣在經濟上名列世界第二十二位，是否會成為一分離、自治國家？

答：本人曾一再聲明，中國人民一致希望統一於三民主
義的政治制度之下，中華民國政府和人民在自由地
區三十年來所作的努力，就是為未來新中國的統一
作帶頭示範。中國同胞基於歷史傳統和血緣關係，
亦絕不可能在生活上使一部份享受自由與幸福，而
另一部份卻喪失人性尊嚴與遭受奴役，所以這一問
題的假設是不切實際的。

五、貴國是否打算舉行自由選舉？何時舉行？

答：中華民國政府為貫澈加強推行民主憲政，已在今年
十二月間分別舉行增額中央民意代表選舉，於十二
月六日選出國大代表七十六人，立法委員九十七
人，廿七日將選舉監察委員三十二人，對此各國記
者已有廣泛報導。

4 月 23 日　星期五

上午

九時十四分，在府見汪顧問道淵。

九時三十五分，見張副秘書長祖詒。

十時十分，見錢次長復。

下午

四時二十八分，在府見俞總裁國華。

四時五十八分，見宋部長長志。

五時十五分，見馬秘書長紀壯。

五時五十二分，見汪顧問道淵。

4月24日　星期六

上午

十時十五分，在府見中央黨部副秘書長陳履安。

十時五十三分，以中正勳章一座，親自頒授給國畫大師張爰（大千）先生，表彰他致力國畫藝術，發揚中華文化的傑出成就與卓越貢獻。

十一時十五分，見蔣秘書長彥士。

十一時十九分，見秦主任委員孝儀。

十一時三十四分，見馬秘書長紀壯。

十一時五十四分，見沈秘書長昌煥。

張大千勳章證書全文

四川張爰，國家耆宿，藝苑宗師，寢饋敦煌，上窺唐宋，不唯淋漓大筆，蔚為國光，亦且襟抱高華，久為世重。特依據勳章條例頒給中正勳章，用示崇獎之至意。

張大千答詞

大千只是一畫家，承總統頒以崇高的勳章，實受之有愧。大千是四川人，川人對於藝術的愛好，似乎是有一種傳統的風氣，自六朝三唐五代兩宋綿延不絕，故先母能畫，大千兄弟幼年都隨先母學畫，弱冠負笈海上，受業衡陽曾農髯、臨川李梅庵兩夫子門下，追隨甚久，遂以此為專業，卻說不上有何成就。今蒙授勳，不禁想起先總統對大千的關愛，昔年大千困在成都時，要不是先總統十分眷顧，大千不會今天還能從容我的藝術

工作。大千漫遊世界各國，為增廣識見，與諸藝術家接觸，又得我駐各國使節照拂，這都是先總統及嚴前總統的關愛所致。今又承總統頒以如此崇高的勳章，大千只有感激，大千無以報國家，只有這一顆心，對國家、對總統，永遠效其忠誠。

4 月 25 日　星期日
上午
九時五十六分，至圓山飯店理髮。

4 月 26 日　星期一
上午
九時三十九分，在府見國家安全局汪局長敬煦。
十時二十六分，見郝總長柏村。

下午
四時二十分，在府見汪顧問道淵。
四時四十七分，見沈秘書長昌煥。
五時二十五分，見宋部長長志。

4 月 27 日　星期二
上午
九時〇八分，在大直寓所見振興復健中心鄧院長述微。
十時十六分，在府見蔣秘書長彥士。

下午

四時十四分，在府見司法院秘書長范魁書。

四時四十七分，見馬參軍長安瀾。

五時〇二分，見沈秘書長昌煥。

五時五十五分，見秦主任委員孝儀。

六時二十五分，見郝總長柏村。

4 月 28 日　星期三

上午

十時〇八分，在府見張副秘書長祖詒。

十時三十八分，見嚴前總統。

下午

四時十六分，在府見孫院長運璿。

四時五十分，接見東加王國國王杜包四世和王后及勞工
暨商工部長魏亞等三人。

五時二十分，見國防部特種軍事情報室主任鄧祖謀。

五時二十六分，見魏顧問景蒙。

4 月 29 日　星期四

上午

九時四十分，在府見馬秘書長紀壯。

十時二十九分，見秦主任委員孝儀。

十時四十九分，見汪顧問道淵。

下午

三時五十七分，在府見秦主任委員孝儀。

四時十八分，見警備總司令陳守山。

五時〇五分，見沈秘書長昌煥。

4月30日　星期五

下午

四時二十五分，在府見馬秘書長紀壯。

四時四十三分，見軍方調職人員陸軍中將黃世忠等十一人。

五時二十七分，見蔣秘書長彥士。

5月1日　星期六

上午

十時二十二分，在府見郝總長柏村。

十一時，見張副秘書長祖詒。

今日以書面賀詞，勗勉全國勞工同胞更加發揚勞資和諧與團隊合作的精神，繼續提高技術水準與生產效能的進展，來圓滿實現各種建設和各項改革的早日完成，在民國七十年代中，堂堂進入開發國家的行列。

五一勞動節書面賀詞

五一勞動節慶祝大會主席並轉全國親愛的勞工朋友們：

今天是民國七十一年的勞動節，這個一年一度紀念的日子，並不光是勞工朋友們所專有的節日，也應該是全國同胞共同體認「勞工神聖」的日子。所以經國除了個人要向各位表示由衷的祝賀和敬佩之外，更願與全國同胞和各位共享這個日子的光榮與歡欣。

勞工朋友們不論白天夜晚，使生產的輪軸不停的運轉；也無論在機器房裡，在礦坑深處，或在炎熱的陽光之下，或在風雨的侵襲之中，都能默默工作，流汗流血，可以說，我們生活上食、衣、住、行、育、樂的六大需要之得以滿足，直接、間接都有賴於各位辛勤的付出，而我們國家的生產力之得以一年比一年提高，各項大小建設之得以一一順利完成，與自立自主的國防之得以一天比一天更為堅強，也都有賴於各位鍥而不舍的奮鬥和貢獻。

　　目前世界性經濟不景氣尚未復甦，同時我國工業生產形態正處於從勞力密集轉入資本技術密集的階段，我們必須全心一致，手腦並用，力求創新突破，方能衝過難關，更上層樓。深信勞工朋友們也必能更加發揚勞資和諧與團隊合作的精神，繼續提高技術水準與生產效能的進展，來圓滿實現各種建設和各項改革的早日完成，在民國七十年代中堂堂進入開發國家的行列。

　　敬祝大家健康快樂。

5月2日　星期日

上午

十時三十二分起，在寓所內外散步，先後歷時五十分鐘。

下午

三時三十二分，乘車至忠孝大橋巡視，夫人同行。

5月3日　星期一

上午

八時三十八分，至圓山飯店理髮。

九時四十六分，在府見馬秘書長紀壯。

十時〇六分，見三軍大學王校長多年。

十時三十分，見海軍鄒總司令堅。

十時四十七分，見陸軍蔣總司令仲苓。

十一時〇七分，見空軍郭總司令汝霖。

下午

四時二十八分，在府見沈秘書長昌煥。

四時五十五分，見前陸軍武官員夏龍。

五時〇三分，見經濟部趙部長耀東。

五時二十八分，見財政部徐部長立德。

五時四十五分，見蔣秘書長彥士。

5月4日　星期二

下午

四時，在府見馬秘書長紀壯。

四時二十三分，見交通部連部長戰。

五時〇四分，接見美國金德斯萊爵士夫婦。

五時三十分，見徐鼐。

五時五十四分，見陳良及吳嵩慶二位先生。

六時〇二分，見新竹中小企業銀行董事長吳伯雄。

5月5日　星期三

上午

十時二十二分，在府見秦主任委員孝儀。

十時五十八分，見蔣秘書長彥士。

十一時二十五分，見錢次長復。

十一時四十四分，見張資政寶樹。

中午

十二時〇七分，見馬秘書長紀壯。

下午

六時四十五分，在大直寓所見蔣秘書長彥士。

5 月 6 日　星期四

上午

九時四十七分，在府分二批見軍方調職人員曹思齊少將
等二十四人。

十時三十五分，見馬秘書長紀壯。

十一時，見前陸軍武官夏龍。

十一時〇七分，見馬秘書長紀壯。

下午

五時十五分，在大直寓所見孫院長運璿。

5 月 7 日　星期五

下午

四時十三分，在府見馬秘書長紀壯。

四時五十六分，見國防部總政戰部王主任昇。

五時三十七分，見孫院長運璿。

五時四十五分，見郝總長柏村。

五時五十四分，見宋部長長志。

六時〇三分，見蔣秘書長彥士。

5 月 8 日　星期六

上午

十時二十分，在府見戰略顧問王叔銘。

十一時三十五分，見馬秘書長紀壯。

下午

三時四十七分，至榮民總醫院眼科作檢查。

四時三十二分，至士林官邸。

五時四十六分，在大直寓所見蔣秘書長彥士。

5月9日　星期日

上午

九時四十六分，為張資政岳軍先生賀壽，訪晤於其寓所。

十時五十八分，在大直寓所見秦主任委員孝儀。

下午

四時五十分，在寓所內散步半小時。

5月10日　星期一

下午

三時二十一分，至圓山飯店理髮。

四時三十五分，在府見馬秘書長紀壯。

五時二十二分，見沈秘書長昌煥。

五時五十三分，見錢次長復。

5月11日　星期二

上午

九時五十二分，在府見戰略顧問彭孟緝。

十時二十分，見駐烏拉圭大使夏功權。

十時四十四分，見錢次長復。

下午

三時二十五分，在府見馬秘書長紀壯。

四時二十五分，約嚴前總統家淦、孫院長運璿、黃院長少谷、馬秘書長紀壯、沈秘書長昌煥、袁常委守謙、錢次長復等座談。

五時五十五分，見孫院長運璿。

六時〇九分，見蔣秘書長彥士。

5 月 12 日　星期三

上午

十時四十八分，在府見張副秘書長祖詒。

十一時十五分，見陳資政立夫先生。

下午

三時五十六分，在府見馬秘書長紀壯。

四時四十七分，見郝總長柏村。

五時〇八分，見內政部林部長洋港。

五時二十一分，見立法委員陸京士。

五時四十九分，見國策顧問王鐵漢。

六時〇七分，見沈秘書長昌煥。

六時五十四分，見馬秘書長紀壯。

5月13日　星期四

上午

十時三十七分，在府見錢次長復。

十一時○二分，見秦主任委員孝儀。

十一時三十三分，見馬秘書長紀壯。

下午

三時二十八分，在府見秦主任委員孝儀。

四時十分，見宋部長長志。

四時三十八分，見汪顧問道淵。

四時五十三分，見蔣秘書長彥士。

五時四十五分，見沈秘書長昌煥。

5月14日　星期五

上午

十時三十分，在府見馬秘書長紀壯。

十時五十三分，見朱部長撫松。

十一時三十分，見沈秘書長昌煥。

下午

四時四十八分，在府見宋部長長志。

五時三十五分，見馬秘書長紀壯。

六時，見沈秘書長昌煥。

5 月 15 日　星期六

上午

八時三十六分，至圓山飯店理髮。

十時，在府約集政府、執政黨以及軍事方面負責人員敘談，於聽取有關報告後，作了以下三點語重心長的指示：

第一、在此國家多事之秋，希望全體軍民，堅定自己的信心和志節，不為任何外來因素所影響，務須一心一德，在艱苦中來開拓自己光明的前途。

第二、我們更要加強內部的精誠團結。在國民革命進程中，從來都是以精神力量戰勝一切的。對國家民族的敵人——共匪，我們必定奮鬥到底，絕無任何談判妥協之可能。我們深信共匪正在自取滅亡，大家更要從各方面努力來加速共匪的滅亡。

第三、我們始終站在民主陣容的一邊。我們不但要多方揭穿共匪在國際間所進行的統戰詐術，還要進一步加深美國政府和民間對我們的認識，也就是要進一步加強中美之間長久以來「合則兩利」的關係。

參加人員有嚴家淦、謝東閔、孫運璿、谷正綱、倪文亞、黃少谷、劉季洪、余俊賢、袁守謙、高魁元、蔣彥士、馬紀壯、沈昌煥、洪壽南、閻振興、邱創煥、朱撫松、林洋港、林金生、李登輝、曹聖芬、王惕吾、余紀忠、郝柏村、王昇、林挺生、錢復等二十七人。

十一時三十六分，見嚴前總統家淦及孫院長運璿。

十一時四十五分，見馬秘書長紀壯及蔣秘書長彥士。

下午

三時五十七分，在大直寓所見沈秘書長昌煥。

5月16日　星期日

致函美國費城聖約翰浸信會教堂牧師瓦斯奎茲，申賀該
教堂的萬民祈禱會創建二十六週年紀念；並對該教堂於
十六日為我國舉行祈禱會，表示欣慰與感謝之意。

下午

三時四十分起，在大直寓所內散步三十五分鐘。隨後，
並在庭園中見秦主任委員孝儀。

5月17日　星期一

上午

十時四十一分，在府見馬秘書長紀壯。

十一時二十五分，見錢次長復。

十一時四十五分，見周政務委員宏濤。

下午

四時四十七分，在府見秦主任委員孝儀。

五時，見馬秘書長紀壯。

五時二十六分，見宋部長長志。

五時四十二分，見汪顧問道淵。

六時，見中山大學校長李煥。

5 月 18 日　星期二

下午

三時四十分，在府見秦主任委員孝儀。

四時〇四分，見馬秘書長紀壯。

四時五十八分，接見宏都拉斯共和國國會議長卜希隆。

五時三十分，接見印度尼西亞共和國國防公安部長尤索夫上將等五人。

5 月 19 日　星期三

下午

四時五十分，在大直寓所見孫院長運璿。

五時四十六分，接見美國在臺協會主任李潔明。

七時五十五分，見沈秘書長昌煥。

5 月 20 日　星期四

上午

十時二十五分，在府見錢次長復。

5 月 21 日　星期五

下午

四時〇一分，在大直寓所見蔣秘書長彥士。

七時五十三分，見孫院長運璿。

5 月 22 日　星期六

上午

九時三十一分，在府見張副秘書長祖詒。

九時四十七分，見馬秘書長紀壯。

十時舉行座談。與會人員有嚴前總統、孫院長運璿、黃院長少谷、蔣秘書長彥士、馬秘書長紀壯、沈秘書長昌煥、袁常委守謙、朱部長撫松、郝總長柏村、錢次長復等。

5月23日　星期日
下午

五時三十九分，在大直寓所見秦主任委員孝儀。

5月24日　星期一
下午

三時三十分，至圓山飯店理髮。

四時三十分，在府見俞總裁國華。

五時十三分，見馬秘書長紀壯。

5月25日　星期二
【無記載】

5月26日　星期三
下午

三時三十五分，在府見郝總長柏村。

四時十四分，見三軍大學校長王多年。

四時四十三分，見沈秘書長昌煥。

五時十四分，見行政院邱副院長創煥。

五時三十五分，見駐美辦事處顧問汪希苓。

5 月 27 日　星期四

下午

四時〇二分，在府見俞總裁國華。

四時四十一分，見馬秘書長紀壯。

四時五十九分，見國策顧問陶百川。

五時二十一分，見馬秘書長紀壯。

五時四十二分，見錢次長復。

5 月 28 日　星期五

下午

七時五十九分，在大直寓所見蔣秘書長彥士。

5 月 29 日　星期六

下午

四時四十二分，在府見馬秘書長紀壯。

四時五十六分，接見美國前財政部長舒茲。

五時三十四分，見宋部長長志。

五時五十四分，見輔導會鄭主任委員為元。

5 月 30 日　星期日

下午

三時四十分，偕同夫人乘車自寓所至陽明山竹子湖散
步，約一個小時。

5月31日　星期一

下午

三時二十四分，至圓山飯店理髮。

四時二十分，在府見沈秘書長昌煥。

五時十四分，見國家安全局局長汪敬煦。

五時三十一分，見錢次長復。

6月1日　星期二

上午

九時二十分，在府見張副秘書長。

十時，主持軍事會談。

十一時○八分，見孫院長運璿。

十一時三十五分，見郝總長柏村。

下午

三時○三分，至中央黨部。

三時○七分，見蔣秘書長彥士。

三時三十七分，至總統府。

三時五十三分，接見美國共和黨全國委員會外交顧問艾倫。

四時四十八分，見錢次長復。

五時○三分，見沈秘書長昌煥。

6月2日　星期三

上午

八時三十分，在中央黨部見蔣秘書長彥士。

九時，主持中常會，此為眼疾治療後第一次主持中常會議。首先感謝大家對他健康情況的關心；同時對中常會在這段期間的決策以及對國家的貢獻，表示讚揚。主席在會中，曾以「團結奮鬥、開創光明前途」為題，發表談話，期與全國國民、全黨黨員共同勉勵。

十時二十五分，見嚴常務委員家淦。

下午

四時二十五分，在府見沈秘書長昌煥。

五時，接見美國聯邦參議員高華德先生，就中美有關問題交換意見，同認中美兩國應以「臺灣關係法」為基礎，在文經及供應防禦武器等方面，進一步加強合作。

五時三十五分，見馬秘書長紀壯及沈秘書長昌煥。

六時〇六分，見郝總長柏村。

團結奮鬥、開創光明前途

　　當前國際情勢和大陸情況都有很大變化，我們國家面對許多問題，無論外交、經濟、政治等各方面，都需要我們慎謀因應，妥籌對策。但儘管環境和問題十分複雜，而我們心中主宰卻極為單純，那就是只要把握國策，站穩立場，堅守原則，沉著堅定，大家一心一德，果斷勇敢的處理國家政務，積極奮發的推動建設，那麼再大的變化，再多的困難，都阻撓不了我們繼續前進，邁向目標！

　　事實上，三十多年來，我們在復興基地沒有一天不在艱難困苦中奮鬥。過去歷史告訴我們，國家愈困難，全國同胞，全黨同志就愈能團結奮發、犧牲奉獻，所以不知有多少艱難困苦的日子，都是在領袖蔣公的領導下安然渡過。而且從領袖蔣公當年領導我們北伐、剿匪、抗戰，直到近三十年在復興基地從事反共復國的工作，我們在大風大浪中奮鬥創造，所憑藉的就是我們的意志、決心和精神。經驗也告訴我們，任何力量沒有比精神力量更為重要，在國民革命進程中，從來都是以精神

力量戰勝一切的。

因之，在此國家多事之秋，我希望全體軍民，堅定自己的信心和志節，奮發圖強；尤望全黨同志要與全國同胞密切結合，精誠一致，在艱苦中同心同德，來開拓國家光明的前途。

以下有幾點意見提出來和大家共勉：

（一）經濟上：經濟建設仍是我們國力最重要的基礎，以往我們的經濟發展，一向採取成長與穩定並重的政策，已經收到顯著效果，今後也仍將朝此方向努力。不過，當前我們的經濟正在邁向開發國家的轉型階段，而適逢全球性經濟呆滯的衝擊，且其持續時期已久，一時尚難好轉，因之國內工商企業遭遇相當困難，政府雖已採取了許多措施，仍不易獲致有效的紓解，是以目前應以全力促進經濟復甦為當務之急。希望行政院再與農、工、商各界就如何切實有效提高投資意願，加強競爭能力，拓展外銷市場，妥籌善策，貫徹執行，以期及早恢復景氣，達到穩定而成長之目標。

（二）軍事上：保有強大的國防力量，是捍衛國家生存的主要憑藉，何況敵人共匪除了施展和談統戰伎倆之外，一再揚言並不排除使用武力。當然我們決不畏懼共匪的武力威脅，倘若共匪敢於發動戰爭，那必將同時引發大陸同胞全面反共抗暴鬥爭，裡應外合，也就是匪偽政權全面崩潰的開始；但我們必須隨時保持高度警覺，積極充實戰力，使建軍與備戰同時並進，在軍務上做到毋恃敵之不來，而恃我之有備。我們為了生存與發展，全國同胞必須支持獨立自主的尖端科技體系，充實

我們自己的戰鬥力量。

（三）外交上：有人說，政府在外交事務處理上，常是被動苦撐。實際上，政府確實時時刻刻都在積極策劃奮鬥，創造新的機勢，開拓新的對外關係，來爭取國家的生存與發展。今天大家所關心的美國和我們的關係，去年九月葉匪劍英和平統戰九項建議，其主要目的就是要阻止美國對我國的出售武器。共匪一貫的伎倆，凡是無法以軍事方式達到目的的，就希望透過談判方式來達到。事實上，共匪處心積慮，設計了許多圈套，企圖使別人墜入其陷阱。但是由於我們的立場堅定不移，和海外僑胞、學人以及國際間明智人士對共匪的統戰詭計不斷予以揭發和批判，已經迫使共匪不得不檢討為什麼他們的統戰詭計無法產生效果。所以今天我們必須繼續保持冷靜，加強爭取國際正義的發展，只要我們能夠團結奮鬥，充實本身力量，站穩自己腳步，共匪的任何陰謀詭計，就必定無法得逞。

國際關係的發展變化萬端，但國家必有立國的基本政策。外交工作的推動，在秉持國策，針對現實，創造時機，權衡利害，作適當的折衝，來維護國家的最高利益。我們一定堅守民主陣容，加強與美國的關係，鞏固基地安全，粉碎共匪和談統戰詭計，是切合當前現實狀況，符合中、美之間「合則兩利」的需要，也是確保西太平洋地區和平安全關鍵所繫。所以，這是我們外交上的重要方針，而這方針希望我們的友人清晰瞭解，也更應該明白的讓敵人瞭解。

（四）政治上：多年來我們在建設自由民主憲政體

制上已有很大的進步。但我們不能否認今天在政治措施上仍有若干問題，值得檢討。敵人正在處心積慮，千方百計利用機會分化我們，而我們內部亦有極少數人對於國家當前處境未能完全了解，有意或無意的當了分化內部工作的工具，甚至存有與政府對立的想法。雖然政府施政方面難免有不盡理想之處，應該指出糾正，但如有人逾越法律的規範，從事破壞法治或社會安寧，那就必然會受到全國人民的唾棄。這極少數人是否想到後果將會何等嚴重？是否想到對復興基地一千八百萬同胞的自由與福祉將要發生何等的傷害？所以今天我們必須團結一致，眾志成城，同舟共濟，方能接受各種挑戰，克服一切困難。政府也應隨時檢討改進，並使國人充分認識與瞭解，以期人人都能摒棄私心成見，凡事顧及國家民族的整體利益，協力同心，為維護國家安全，實踐國家目標而盡其心力。

（五）社會上：今天社會上正有成千上萬的同志在用他們自己的智慧和才能，以創新的精神發揮潛力，為國家各項建設工作而努力。至於作奸犯科的壞人，到底還是少數中的極少數，所以我們社會大眾都希望新聞傳播界能夠發揮導引的功能，促使社會走向和諧與康莊的大道，多多報導好人好事的新聞和消息，深盼新聞傳播界，對整個社會負起教育啟發的責任。

我們瞭解，從整個社會風氣來看，由於近年來經濟的持續發展，國民生活水準的不斷提高，一般民眾在生活上不免趨於奢靡享受，在精神上則有好逸惡勞的傾向，甚至少數人因而誤入歧途，作出犯罪行為，確實令

人惋惜。因為今天國家處境，大敵當前，更應克勤克儉，創造良好的社會風氣。所以今後如何正風勵俗，加強憂患意識，振奮蓬勃朝氣，來促進社會進步，實是政府、教育界和新聞界需要共同努力來達到的重要課題。

綜觀世局，目前仍處在民主與極權對抗、自由與奴役搏鬥的大洪流中，我們居於戰略上的重要地位，始終屹立在反共的最前哨，屏障了西太平洋免於赤禍的侵略擴張，並在各方面對自由世界提供了積極性的貢獻。深望我全國同胞和全黨同志，在這大時代中，確認我們本身目標的價值和使命的意義。我們為中國的前途與中國人民的生活方式繼續奮鬥，決不受國際間彼此勾心鬥角的任何影響。三十多年來，我們在復興基地的政治、經濟與社會建設成就，創造了中國人民前所未有的繁榮、進步與發達，為復國建國奠定了堅實的基礎。我們更應高瞻遠矚，勇猛精進，團結在「三民主義統一中國」的大目標下，達成我們的時代使命。

6月3日　星期四

上午

十時五十三分，在大直寓所見秦主任委員孝儀。

下午

四時〇五分，在府見馬秘書長紀壯。

四時四十分，見宋部長長志。

五時，見行政院李政務委員國鼎。

五時三十六分，見張副秘書長祖詒。

6月4日　星期五

下午

三時五十五分，在府見科學指導委員會主任委員吳大猷。

四時二十五分，見國策顧問張繼正。

四時四十八分，見馬秘書長紀壯。

四時五十八分，見董建華（董浩雲之子）及彭蔭剛（彭孟緝之子）。

五時二十四分，見中央警官學校校長李興唐。

6月5日　星期六

下午

五時，在大直寓所見蔣秘書長彥士。

6月6日　星期日

下午

三時五十分，在大直寓所見郝總長柏村。

四時五十三分，見孫院長運璿。

七時五十五分，見俞總裁國華。

6月7日　星期一

【無記載】

6月8日　星期二

上午

八時三十七分，至圓山飯店理髮。

九時二十二分，在府分三批見軍方調職人員陸軍中將齊其森等三十四人。

十時三十一分，見馬秘書長紀壯。

十時五十五分，見朱部長撫松。

十一時三十分，見沈秘書長昌煥。

下午

四時，在大直寓所見秦主任委員孝儀。

6月9日　星期三

上午

八時三十九分，在中央黨部見蔣秘書長彥士。

九時，主持中常會，期勉基層黨工幹部，要結合黨員，服務民眾，反映意見，促進團結。並指示各級黨部，要重視黨員和幹部的訓練，使人人能夠發揮為黨奮鬥的精誠大義。此外在談話中，曾對美國雷根總統在英國國會中強調「維護自由及和平」將「馬列主義棄置於歷史的灰燼之中」的演說，讚揚為高瞻遠矚的號召。認為我們和全世界愛好自由和平的人士，都將支持這一世界性的呼籲。會後，先後見倪院長文亞、秦主任委員孝儀、蔣秘書長彥士及周主任應龍、宋部長長志、關主任委員中。

下午

四時十八分，在府見馬秘書長紀壯。

四時三十四分，見秦主任委員孝儀。

五時，接見來華參加「中國大陸問題研討會」的美籍學者魯希等七人。

五時三十一分，見孝勇先生。

六時二十分，見郝總長柏村。

6 月 10 日　星期四

上午

九時三十分，乘飛機前往南部。

十時四十分，至陸軍官校，在黃埔賓館聽取該校及中正預校的簡報，並垂詢兩校校務與教學情形。

中午

在陸軍官校學生餐廳，與兩校師生會餐，並講話勉勵大家，體認黃埔革命傳統，承先啟後，犧牲奮鬥，發揚「浩然正氣」，做一個典型的革命軍人。

十二時二十五分起，先後見高雄市長許水德、屏東縣長邱連輝、高雄縣長蔡明耀，聽取他們的工作報告與地方民情，並期勉他們加強為民服務與從事地方建設，應盡心盡力，積極推動，以求取不斷的進步和更多的成果。

下午

一時四十分，巡視中正預校校區，然後赴高雄圓山飯店。

五時五十五分，蒞臨海軍官校巡視。在聽取簡報後，即與全體師生共進晚餐。餐畢，並向他們致詞訓勉，還特別提示他們，海軍戰略和戰術已和往日不可同日而語，

因之必須精益求精，研究新的科技和戰技，方能經得起
時代的挑戰和考驗。

陸軍官校講話

親愛的同學們：

　　有一段時間未和大家見面，常常想念。今天看到各
位在學校接受軍事教育的訓練，個個朝氣蓬勃，體格強
壯，努力學習，奮發上進，內心十分欣慰。

　　陸軍官校的前身──黃埔軍校，是先總統蔣公秉承
國父之命所創建，五十多年來，在國父的精神感召和領
袖的薰陶勗勵之下，黃埔師生發揮了親愛精誠的團隊精
神，創造了光輝燦爛的國民革命歷史。因之，從來投身
陸軍官校的每一學生，都有一份光榮感，以能加入這支
革命隊伍為榮。同時也有一份責任感，時時體認這種一
脈相承、生生不息的革命傳統，而負起承先啟後，勇往
邁進，繼續發揚光大，來貫徹國民革命全程的任務。

　　革命事業，原是一種不怕犧牲的事業。也就是要為
革命的志節犧牲，為主義的貫徹犧牲，為國家民族的整
體利益犧牲。各位已經身為革命軍人，唯有抱著犧牲奮
鬥的精神，方能使革命事業獲得偉大力量，達到最後成
功的目的，而這也正是一貫的黃埔精神。

　　我認為犧牲的精神必須繫於一個完整的人格，而完
整的人格則繫於平素的修養。因為犧牲精神的養成，最
重要的是培養浩然之氣，也就是所謂「正氣」，憑著只
要義之所在，不奪不搖，生命可犧牲，而正義與公理
不可犧牲的氣概，乃能產生無堅不破，無物不摧的力

量。所以「正氣」不但是至大至剛的精神表現，也是高尚人格的實際體現。歷史上的民族英雄文天祥，就是秉持這種浩然正氣，才能臨危不屈慷慨赴義，保存了民族正氣，為後世萬人所景仰。先總統蔣公曾指出：「這正氣所在，就是人生打破生死關頭的不二法門」；又說：「奸邪所在必斥，正氣所在必揚」。我們重溫領袖的訓示，當知犧牲精神乃是革命軍人必具的要素，必須胸中存養「浩然正氣」，懷抱「有死之樂，無生之心」的情操，以國家興亡為己任，置個人死生於度外，無我無畏，成功成仁，才是我們黃埔軍魂培育出來的典型革命軍人。

當前，我們反共復國的革命事業雖然艱難險阻，但是只要我們愈艱難、愈勇敢，團結合作，同舟共濟，以至大至剛的浩然正氣，抱不屈不撓的犧牲決心，就必能突破橫逆，邁向成功之路。同學們，希望大家以此相互共勉，同為完成神聖的歷史使命而努力。

今天在座的，還有中正預校的同學們，看到你們也是個個雄赳赳，氣昂昂的精神，就知道你們在校接受了嚴格和良好的訓練；尤其想到你們不久將來，進入官校接受更高深的軍事教育，必定成為優秀的軍官，而為我們國軍注入新的力量，經國此刻和各位會面共餐，感到非常高興。願大家時求精進，不斷吸收新知，充實自己。並祝大家健康！愉快！

海軍官校致詞

親愛的同學們：

今天有機會和大家見面，一同會餐，十分高興。同時看到各位個個精神飽滿，體格強健，人人奮發勤學，砥礪品德，尤其感到欣慰。

海軍官校和陸軍、空軍官校同樣都是先總統蔣公一手創建的，同樣集合在三民主義的旗幟之下，為培植革命軍人而設。教育的宗旨，也是在造就文武合一、術德兼修的革命青年。所以陸、海、空三軍官校畢業出來的學生，其責任是整個的，精神亦是一致的。回顧我們國民革命的歷史，海軍官校師生和陸、空軍官校一直都能站在一條戰線，發揮聯合作戰功能，不畏艱難險阻，犧牲奮鬥，勇往向前，創造了許多輝煌的戰績，奠定了目前海軍的基礎。

青年是國家的主人，民族的生命。國家和民族未來的前途，一切都付託在青年的雙肩。各位同學投考海軍官校，不僅都是有理想、有抱負的時代青年，而且必定都是懷抱著「乘長風、破萬里浪」的雄心壯志，為捍衛國家海域而來現身於這支國民革命軍的行列，接受現代化的軍事教育，深信將來畢業之後，各位必能成為優秀的海軍幹部，作我們海上干城，擔負起建國的重任。

大家知道，要成功任何一件事業，必須具有冒險犯難的精神，而我們所從事的革命事業，更是一種必須不必艱險、不怕困難的事業，所以非冒險犯難即無以成功。先總統蔣公曾剴切指出：「惟有向著最危險的道路前進，纔可以獲得最大的成功！這就是我們軍人最緊要

的一種革命精神，亦是一種成功的秘訣。」又說：「革命者應視危險困難為其家常便飯，方能履險如夷，處危若安，亦才能衝破難關，獲得成功。」大家身為革命軍人，深望都能確切體認領袖的訓示發揮冒險犯難的精神，要有不怕困難，克服困難的勇氣，以及不怕危險，衝破危險的決心。尤其海軍作戰，首先要能克服自然的障礙和困難，然後方能打敗敵人，更需要冒險犯難的堅毅和能耐。多年以來，我們海軍在艱苦環境中成長茁壯，一次又一次的愈戰愈勇，達成任務，在在證明我們海軍官兵心中沒有「困難」二字。不過現代戰爭，隨著科學技術的日新月異。海軍戰略和戰術也是推陳出新，和以往不可同日而語，因之各位還須精益求精，不斷追求新知，研究新的科技和戰技，方能免於落伍，經得起時代的挑戰和考驗。

當前國家的處境雖然艱難險阻，但是我們有決心、有目標，永不動搖，永不沮喪。堅信「艱難造時勢，風雨生信心」，只要大家能精誠團結，自立自強，冒險犯難，犧牲奮鬥，就必能排除萬難，完成反共復國的中興大業。

今天在此與諸位共聚一堂，看到我們海上健兒的威武氣概，內心至為興奮，祝大家日日進步，時時健康！也祝大家勝利！成功！

6月11日　星期五

上午

十一時十分，至空軍官校巡視並聽取簡報。

十一時四十分，在空軍官校約見臺南市長蘇南成，詳詢地方上各項重要建設情形；並勉勵他繼續努力，照顧民眾福利，加強地方團結，使建設日益精進。

中午

十二時，與該校全體師生共進午餐，並勉勵學生修養品德，磨練戰技，秉持忠勇軍風，發揚以寡擊眾的戰鬥精神，而永保筧橋光榮。

十二時四十四分，乘飛機返北。

空軍官校講話

親愛的同學們：

今天來到空軍官校和大家見面，和同學們會餐，看到各位在革命的大家庭中，如手如足，奮發有為，內心十分快慰。

空軍官校從最初在陸軍官校設航空班開始，至今已有五十三年的歷史，即使從正式成立學校算起，至今也恰整整五十年了。但無論班校，都是先總統蔣公親自擘劃籌建，逐步充實，才有今日的規模。而官校師生在領袖的精神鼓舞和卓越領導下，歷經剿匪、抗日、戡亂諸戰役，也都能英勇殺敵，百戰百勝，締造了空軍輝煌的紀錄，沒有辜負領袖的培植和期望。

現代的戰爭，大多認為是科技的戰爭。如果依照這一說法來看，那麼空軍所需的精密、準確與速度，空軍應該更是最科學化的軍種。今日科學昌明，達於日新月異的時代，而科學發展的基礎，乃在於高深的學問。

因之，我深切期望大家在學校除了修養品德，磨練戰技外，尤其要虛心上進，鑽研學術，吸收科學新知，成為一個文武合一、德智兼備的空軍青年，把握「革命救國、科學建國」的正確方向，負起對國家的責任。並且更進一步體認個人與國家的關係，沒有國家就沒有個人，以國家興亡為己任，勇敢地接受國家賦予的一切任務。

革命軍人首要的修養，就是「忠勇」。中國空軍是國民革命軍的空中戰鬥部隊，同受黃埔精神的薰陶，一貫的傳統軍風，即是「忠勇」。所謂忠者必能勇，勇者必能忠。先總統蔣公曾指出：「凡能盡忠的人，一定有為國犧牲的決心與勇氣，所以『忠勇』二字是相連的」；又說：「我們要愛國，就先要忠實勇敢。必須忠於國家，忠於職務，勇於任事，勇於報國」。歷史上宋朝的民族英雄岳武穆，就因發揚「精忠報國」的氣節，才能愈戰愈強，克敵制勝。各位同學投身空軍官校，都是懷著凌霄壯志，為捍衛國家的領空，在藍天白雲中翱翔，必須具有勇敢果決的大無畏精神，方能決勝於俄頃之間，而這關鍵性的一剎那，「忠勇」二字實是最重要的決定因素，深望大家體認領袖的訓示，秉持忠勇軍風，忠於國家，忠於主義，以英勇的鬥志與熟練的戰技，更重要的是以緊密的團隊合作，來發揮以少勝多，以寡擊眾的戰鬥效果，永保筧橋的光榮。

七十年代是我們邁向勝利成功的年代，但光明之前，必有一段黑暗，愈是接近勝利，環境必愈困難。只要我們精誠一致，堅強團結，同心協力，忠勇報

國，就必能為國家開創燦爛的前途，完成反共復國的
神聖使命。

同學們，今天能和大家會餐，實在非常高興，願大
家好學力行，鍛鍊體魄，為國家、為自己的未來，而珍
惜每一時刻，將來人人成為我們的空中英雄。祝大家健
康！愉快！進步！

6月12日　星期六

上午

十時三十分，在府見孫院長運璿。

十一時○二分，接見大韓民國財務部長羅雄培和該部企
劃管理室長朱炳國。

十一時三十四分，接見馬紹爾群島共和國總統卡布亞、
財政部長阿第安、外交部代秘書長慕勒等。

十一時四十分，見馬秘書長紀壯。

下午

七時四十三分，在大直寓所見蔣秘書長彥士。

6月13日　星期日

下午

四時二十七分，在大直寓所見俞總裁國華。

五時四十五分，見秦主任委員孝儀。

今日獲悉沙烏地阿拉伯王國國王哈立德逝世，即致電沙
國新任國王法德表示悼唁。

6 月 14 日　星期一

上午

十時五十一分，親至沙烏地阿拉伯王國駐華大使館，簽名悼唁哈立德國王之喪。

下午

五時二十五分，在大直寓所見沈秘書長昌煥。

6 月 15 日　星期二

今日令派外交部朱部長撫松為總統特使，前往沙烏地阿拉伯王國，弔唁沙國故國王哈立德之喪，並慶賀法德國王登基。

下午

三時三十七分，至圓山飯店理髮。

四時十七分，在府見汪顧問道淵。

四時三十一分，見中央黨部吳副秘書長俊才。

四時五十一分，見國家安全局汪局長敬煦。

五時〇九分，見蔣秘書長彥士。

五時五十分，見孝勇先生。

六時十一分，見秦主任委員孝儀。

六時五十四分，見蔣秘書長彥士。

6 月 16 日　星期三

上午

八時四十二分，在中央黨部見秦主任委員孝儀。

八時五十分，見蔣秘書長彥士。

九時，主持中常會，於聽取青年輔導會主任委員高銘輝的工作報告後，曾提示：青年就業技術訓練與創業輔導工作，非常重要，今後更應加強。常會後，分兩梯次約見即將訪美的臺北市長楊金欉、花蓮縣長吳水雲、彰化縣長黃石城、南投縣長吳敦義、基隆市長張春熙、臺中市長林柏榕等六人，希望他們在訪美期間，多觀摩學習，促進中美友誼，並宣慰海外僑胞與留學生。此後，還先後見宋主任委員時選、馬秘書長紀壯、蔣秘書長彥士、秦主任委員孝儀。

下午

五時十三分，在大直寓所見魏顧問景蒙。

七時三十四分，見秦主任委員孝儀。

6月17日　星期四

上午

九時二十二分，在府見馬秘書長紀壯。

十時，新任司法院大法官楊日然、楊建華、李鐘聲、馬漢寶等四人在府舉行宣誓，總統親臨主持監誓。儀式後，曾與司法院黃院長少谷、監察院余院長俊賢及四位大法官親切交談。並特別指出，三十餘年來大法官行使職權，對於憲政之成長厥功甚偉。期望大法官們，恪恭職責，多作貢獻，以發揮大法官會議之功能。

十時二十分，見秦主任委員孝儀。

十一時，海地共和國新任駐華大使白洛郎晉謁總統，呈

遞到任國書。

十一時〇九分，見行政院研考會主任委員魏鏞。

十一時十五分，見外交部次長關鏞。

十一時二十分，見張副秘書長祖詒。

6 月 18 日至 19 日　星期五至六
【無記載】

6 月 20 日　星期日
下午

三時五十四分，在大直寓所見蔣秘書長彥士。

五時十四分，見秦主任委員孝儀。

七時五十五分，見沈秘書長昌煥。

6 月 21 日　星期一
下午

三時三十五分，至圓山飯店理髮。

四時二十五分，在府見郝總長柏村。

四時五十五分，見馬秘書長紀壯。

五時三十分，見沈秘書長昌煥。

五時五十七分，見汪顧問道淵。

6 月 22 日　星期二
上午

九時五十八分，主持軍事會談。

十一時二十分，見孫院長運璿。

6月23日　星期三

上午

八時十七分，在中央黨部見蔣祕書長彥士。

八時五十五分，主持中常會。

九時四十二分，見袁常務委員守謙。

十一時〇一分，見臺灣省政府主席李登輝。

下午

四時四十三分，在府見宋部長長志。

五時，接見沙烏地阿拉伯王國駐華大使舒海爾。

五時二十分，見馬祕書長紀壯。

五時二十五分，見俞總裁國華。

6月24日　星期四

上午

十時，在府集體見軍方調職人員陸軍中將孟憲庭等七人。隨後，又與孟憲庭中將晤談十餘分鐘。

十一時〇八分，見馬祕書長紀壯。

十一時二十五分，接見泰國國王侍衛長尼蘭。

下午

四時四十七分，在大直寓所見沈祕書長昌煥。

6月25日　星期五　端午節

下午

三時五十九分，抵達慈湖，與家人恭謁先總統蔣公陵

寢，表達孝思。約停留一小時後返北。

6 月 26 日　星期六
【無記載】

6 月 27 日　星期日
下午

四時四十五分，在大直寓所見蔣秘書長彥士。

6 月 28 日　星期一
上午

十時三十五分，至圓山飯店理髮。

十一時十九分，在府見外交部朱部長撫松。

十一時四十八分，見馬秘書長紀壯。

6 月 29 日　星期二
上午

九時十分，乘飛機抵臺中。

九時四十分，至臺中市有恆街七號，訪問舊日駕駛陳聰明，詢問其生活情況。並與附近民眾親切晤談。

十時十四分，抵達中興新村省主席宿舍，向省主席李登輝詳詢省政建設推動情形，同時約見了省議會議長高育仁、省黨部主任委員宋時選、省府秘書長劉兆田、省府民政廳長劉裕猷等，並向全省同胞表示關懷和慰問。總統隨後又約見了臺中縣長陳庚金、苗栗縣長謝金汀、雲林縣長許文志、嘉義縣長涂德錡、臺南縣長楊寶發等，

除分別聽取他們的工作報告外，並詢問各縣的地方建設
情形，特別關懷工、農、漁民等工作與生活狀況，希望
各縣政府多予照顧。此外還向他們指出，政府遷臺三十
多年，處境愈困難，民心愈團結，希望他們轉告各縣
民眾，大家要團結和諧，奮發努力，來完成復國建國
的使命。

中午

在省主席宿舍和各位首長共進午餐。

下午

一時二十三分，蒞臨臺中港務局，聽取簡報，並巡視第
三期工程施工情形，於慰問工作人員後離去。
二時五十七分，乘飛機返北。

6月30日　星期三

上午

八時十八分，至中央黨部。

八時五十三分，主持中常會。於聽取省黨部主任委員宋
時選的黨務工作報告後，期勉臺灣省基層黨工人員，要
充分發揮與民眾結合的誠意，落實黨服務民眾的意願，
做到永遠與民眾在一起。會中，曾核定吳伯雄任中央秘
書處主任等人事案。

九時四十六分，見孫院長運璿。

十時○八分，見高雄市黨部主任委員鄭心雄。

十時十三分，見蔣秘書長彥士，中央政策會秘書長趙自

齊、副秘書長梁肅戎、王文光、郭哲，以及國民大會秘
書長何宜武等。

十一時，見秦主任委員孝儀。

7月1日　星期四

【無記載】

7月2日　星期五

上午

七時五十七分，在臺北賓館接見大韓民國前國會議長，
並邀其共進早餐。

九時四十八分，在府見郝總長柏村。

十時十五分，見新聞局宋局長楚瑜。

十時三十二分，接見美國聯邦參議員貝德翰。

十一時〇六分，見行政院政務委員高玉樹。

十一時十九分，見秦主任委員孝儀。

7月3日　星期六

下午

三時五十分，至榮民總醫院眼科作檢查。

7月4日　星期日

下午

四時五十八分，在大直寓所見沈秘書長昌煥。

七時五十一分，見孫院長運璿。

7月5日　星期一

下午

三時十九分，至圓山飯店理髮。

三時五十八分，在府見海軍敦睦支隊支隊長蕭楚喬少將

等四人。

四時二十八分，見郝總長柏村。

五時，接見海地共和國卸任駐華大使馬迪爾。

五時十二分，見馬秘書長紀壯。

五時二十二分，見亞東關係協會駐日代表馬樹禮。

五時四十四分，見外交部錢次長復。

7月6日　星期二

下午

三時二十五分，在府見新聞局宋局長楚瑜。

三時五十三分，見馬秘書長紀壯及張副秘書長祖詒。

四時〇四分起，分別約見北部地區臺北縣長林豐正、宜蘭縣長陳定南、新竹縣長陳進興、新竹市（新升格為省轄市）市長施性忠等四人。指示他們一切施政要能符合民眾需要及利益；希望地方首長和地方政府的工作同仁，必須團結地方力量，協同努力，加強建設，才能累積成果，獲得不斷的進步。

五時三十分，見警備總司令陳守山。

五時五十五分，見俞總裁國華。

7月7日　星期三

上午

八時〇九分，在中央黨部見蔣秘書長彥士。

八時四十四分，見孫院長運璿。

九時，主持中常會。

十時，見嚴常務委員家淦。

十一時二十一分，見秦主任委員孝儀。

十一時三十三分，見文工會周主任應龍。

十一時五十一分，見蔣秘書長彥士。

7月8日　星期四

上午

九時十三分，在府見馬參軍長安瀾。

九時四十五分，見國防部副參謀總長烏鉞。

十時〇一分，見軍方調職人員空軍中將張光耀等十
一人。

十時二十二分，見憲兵司令劉馨敵。

十時四十五分，見馬秘書長紀壯。

十一時〇六分，見沈秘書長昌煥。

7月9日　星期五

上午

九時二十五分，在府見張副秘書長祖詒。

十時，新任尼加拉瓜共和國駐華大使吳艾佐到府晉謁總
統，呈遞到任國書。

十時二十分，見國家安全局局長汪敬煦。

十一時〇三分，見秦主任委員孝儀。

十一時三十二分，見蔣秘書長彥士。

下午

七時五十四分，在大直寓所見秦主任委員孝儀。

7 月 10 日　星期六
【無記載】

7 月 11 日　星期日
下午

三時五十二分,在大直寓所見宋局長楚瑜。

四時四十一分,見孫院長運璿。

7 月 12 日　星期一
上午

十時三十六分,至圓山飯店理髮。

十一時十二分,在府見秦主任委員孝儀。

下午

七時五十一分,在大直寓所見馬秘書長紀壯。

七十一年國家建設研究會,於今日上午在臺北揭幕,總統特頒書面致詞,勗勉與會人士集思廣益,和衷共濟,共謀國家建設的推展,為早日解救民族的苦難同輸忠忱。

七十一年國家建設研究會開幕致詞

七十一年國家建設研究會今天開幕,各位在這炎夏,冒著溽暑,不辭辛勞,為國家建設而殫精竭智,經國對於諸位愛國報國的熱忱,首先要致至深的敬意與謝意。

　　國家建設研究會的意義，一在溝通意見，增進瞭解；二在集思廣益，交換經驗；以期齊心協力，精誠團結，共謀國家建設的進步推展。以往每年的集會，都有很大貢獻，今年仍望大家一本和衷共濟的精神，知無不言，言無不盡，人人以中興大業為己任，事事以反共復國為目標，為早日解救民族的苦難同輸忠忱。

　　今日民族的苦難是馬列主義的禍國殃民，中華文化的遭劫、錦繡河山的污腥、親情骨肉的離散，無一不是馬列主義的罪惡所致。而中共師承馬列、堅持共產專制的暴政，其一切所作所為，完完全全是「非中國」的。所以，為了國家民族的前途，為了世代炎黃子孫的幸福，國家建設的迫切課題，是我們必須集中一切力量，團結全國人心，驅逐馬列，從而方能重建國家，復興中華。

　　目前海峽兩岸的客觀事實已經非常明白：三民主義救中國，馬列主義害中國。因之我們不需多尚空談，而須加強三民主義的國家建設，以具體的實踐成果，來壓倒共產暴政，清除馬列毒素。深望所有參加國建會的同仁，凝聚群體智慧，與我海內外同胞，結合於民族大義之下，創造精進，以三民主義相期勉，共為三民主義統一中國而奮鬥到底！

　　祝大家身心愉快，會議圓滿成功！

7月13日　星期二

上午

八時四十二分，在府見宋部長長志。

九時三十分，接見沙烏地阿拉伯王國駐華大使舒海爾。

九時五十二分，主持軍事會談。

十一時〇八分，見孫院長運璿。

十一時三十分，見沈秘書長昌煥。

下午

四時五十一分，在大直寓所見黃院長少谷。

七時五十七分，見俞總裁國華。

7 月 14 日　星期三

上午

八時十四分，在中央黨部見蔣秘書長彥士。

九時，主持中常會，要求青年工作會今後應繼續加強與退休教授間的聯繫，給予必要的照顧和協助，並借重他們在教育方面的經驗，多聽聽他們的意見，以作為青年工作的參考。

十時二十三分，見新聞局宋局長楚瑜。

十時四十二分，見外交部朱部長撫松及錢次長復。

十一時〇六分，見馬秘書長紀壯。

十一時二十五分，見秦主任委員孝儀。

十一時四十二分，見文工會周主任應龍。

下午

四時四十七分，在大直寓所接見美國在臺協會主任李潔明。

七時四十三分，見郝總長柏村。

7月15日　星期四
下午

三時四十八分，在大直寓所見振興復健中心鄧院長述微。

四時二十七分，見沈秘書長昌煥。

六時四十二分，見魏顧問景蒙。

7月16日　星期五
上午

十時四十六分，在大直寓所見外交部錢次長復。

下午

三時三十七分，在府見汪顧問道淵。

四時○四分，見國防部駐美採購勤務團溫團長哈熊。

四時三十一分，集體見孫院長運璿、馬秘書長紀壯、沈秘書長昌煥、蔣秘書長彥士、朱部長撫松、趙部長耀東、馬代表樹禮等人。

六時，見孫院長運璿。

六時十一分，見馬秘書長紀壯。

7月17日　星期六
上午

九時二十分，在府見張副秘書長祖詒。

十時，約集嚴前總統、孫院長運璿、黃院長少谷、袁常委守謙、馬秘書長紀壯、沈秘書長昌煥、蔣秘書長彥士、朱部長撫松、宋部長長志、郝總長柏村、錢次長復

等座談。

十一時二十四分，見沈秘書長昌煥。

下午

五時三十分，在大直寓所見俞總裁國華。

七時五十八分，見蔣秘書長彥士。

7 月 18 日　星期日

下午

四時二十分，在大直寓所見郝總長柏村。

7 月 19 日　星期一

中央研究院第十五次院士會議，今日上午在中央研究院揭幕，總統特以書面致詞，勉勵中央研究院院士們，運用崇隆的學術地位和豐富的學術素養，在三民主義統一中國的偉大歷程中，充任智者與勇者的角色，導萬世於太平坦途。

下午

四時十三分，在府見張副秘書長祖詒。

四時三十九分，見張資政寶樹。

五時十分，見馬秘書長紀壯。

五時三十九分，見沈秘書長昌煥。

中央研究院第十五次院士會議書面致詞

錢院長、各位先生、各位女士：

中央研究院第十五次院士會議今天開幕，各位院士先生於此盛夏，冒著溽暑參加會議，共商國家最高學術機關的推展大計，表現出為學術研究而抱持的敬業精神，經國十分感佩。對遠道回國出席會議的海外院士，更要表示熱烈的歡迎之意。

中央研究院自從民國十七年成立以來，集全國學術界的精英，一直領導國家的學術研究工作，經過五十多年的耕耘，已在人文學科與自然、社會科學的基礎研究方面，犁出了美好的園地，也獲致了豐碩的成果。近年更積極致力於擴充研究領域，提高研究素質，使學術研究與國家建設密切配合，促進國力成長。經國對於諸位院士和全體研究同仁這種知識報國的節操與追求真理的執著，特別要致由衷的敬意。

學術研究的基本目標固然是追求真理，但是偉大的學術研究還應該有一個更崇高的理想，那就是增進人類福祉與促進世界和平。任何新知的發現與累積，都只是一種手段，最後的目的應該是推動人類文明不斷朝向臻於至善的理想邁進。尤其從本世紀初葉馬列主義的邪說氾濫以來，人類便一直處於一個動亂危疑的世界之中，知識份子更須以天下為己任的襟懷，燃亮智慧的火花，指引思潮的迷津，讓學術研究的真理，能夠撥亂反正，澄清天下，成為促進世界和平與人類福祉的主導力量。

我們中國的知識份子，自古以來有個共同的抱負，那就是「為天地立心，為生民立命，為往聖繼絕學，為

萬世開太平。」因之，中華傳統文化以「仁」為本的儒家學說思想，無疑將是重啟世界光明的主流，特別由於中國所受馬列主義毒害最深，中國的知識份子尤須抱著嚴肅的使命感，擔負起弘道揚義、致世界於大同的任務。

　　國父創造三民主義，所以闡中華文化的正傳，宏天下為公的大道。各位院士先生都是各個知識領域的宗師泰斗，甚盼各位運用崇隆的學術地位和豐富的學術素養，闡揚為此動亂世紀開拓出路的唯一南針，並在三民主義統一中國的偉大歷程中，充任智者與勇者的角色，導萬世於太平的坦途！

　　敬祝會議成功，大家健康愉快！

7月20日　星期二

上午

九時二十九分，在府見新任總統府第二局局長孟憲庭。

九時五十九分，哥斯大黎加共和國新任駐華大使桑盧培到府晉謁總統，呈遞到任國書。

十時三十五分起，分別見劉戰略顧問安祺、石國策顧問覺、青年反共救國團主任潘振球、中央信託局理事主席張繼正等。

下午

三時四十三分，在大直寓所見陸軍總司令蔣仲苓。

四時三十五分，見海軍總司令鄒堅。

五時十五分，見空軍總司令郭汝霖。

7月21日　星期三

上午

八時十三分，在中央黨部見蔣秘書長彥士。

八時五十八分，主持中常會。

九時五十二分，見戰略顧問高魁元。

十時十五分，見孫院長運璿、馬代表樹禮、辜常委振甫。

十時五十九分，見蔣秘書長彥士。

下午

四時三十分，在府見馬秘書長紀壯。

四時五十六分，接見日本自民黨國際對策特別調查會會長江崎真澄所率領的代表團八人（江崎真澄、倉成正、村山達雄、藤尾正行、谷川和穗、江藤隆美、林義郎、佐藤信二），就中日共同關係以及經濟貿易等問題交換意見，盼能理解我國基本立場，共謀各項問題的解決。（備註：金丸信因病未到，總統囑請第三局陳局長致慰。）

五時三十六分，見趙部長耀東、徐部長立德、辜振甫等。

7月22日　星期四

下午

四時，在府見謝副總統。

四時二十分，以茶會招待參加七十一年國家建設研究會政治外交、文化教育、經濟及科技四個組的領隊與副領

隊，聽取每一組的研討結論報告後，曾和他們親切的交談並講話。茶會後，見謝副總統、孫院長運璿、馬秘書長紀壯、沈秘書長昌煥、蔣秘書長彥士、張副秘書長祖詒。

五時四十五分，見國防部駐美採購勤務團長溫哈熊。

七時五十二分，在大直寓所見秦主任委員孝儀。

7 月 23 日　星期五

上午

九時五十分，在大直寓所見秦主任委員孝儀。

7 月 24 日　星期六

下午

四時五十四分，在大直寓所見沈秘書長昌煥。

七時五十五分，見郝總長柏村。

7 月 25 日　星期日

中午

十二時四十七分，在大直寓所見秦主任委員孝儀。

下午

三時五十七分，在大直寓所見秦主任委員孝儀。

四時二十五分，見孫院長運璿。

六時，見錢次長復。

七時五十五分，見馬秘書長紀壯。

7月26日　星期一

【無記載】

7月27日　星期二

上午

十時二十七分，至圓山飯店理髮。

下午

三時四十四分，在府見宋部長長志。

四時十二分，見沈秘書長昌煥。

四時二十六分，約集嚴前總統、孫院長運璿、黃院長少谷、袁常委守謙、馬秘書長紀壯、沈秘書長昌煥、蔣秘書長彥士、朱部長撫松、宋部長長志、郝總長柏村、錢次長復等座談。

六時十四分，見黃院長少谷。

六時二十六分，見馬秘書長紀壯。

7月28日　星期三

上午

八時二十分，在中央黨部見蔣秘書長彥士。

九時，主持中常會。

九時四十分，見臺灣省議會議長高育仁。

九時四十九分，見中央黨部秘書處主任吳伯雄。

九時五十八分，接見大韓民國國會議員訪問團權正達、金振男、金榮龜等三人，在談話中，共同認為中韓友好關係今後必須加強，而使其日臻密切。

十時十九分，見錢次長復。

十一時十五分，親至中正國際機場，迎接新加坡總理李
光耀夫婦，並送至圓山飯店。

下午

六時四十九分，偕同夫人在圓山飯店以晚宴款待李光耀
總理夫婦。

晚

九時前後，分別打電話給花蓮縣長吳水雲、屏東縣長邱
連輝、臺東縣長蔣聖愛，垂詢「安迪」颱風過境情形，
並指示要盡力防颱救災，以維護民眾生命財產的安全。

7 月 29 日　星期四

下午

四時五十五分，在大直寓所見沈秘書長昌煥。

晚

八時，見馬秘書長紀壯。

九時三十分，打電話給臺灣省主席李登輝，垂詢「安
迪」颱風過境對各地所造成的災情。李主席除作詳細報
告外，對總統關懷全省民眾的德意，表示由衷的感奮。

7 月 30 日　星期五

上午

十一時，在大直寓所見俞總裁國華。

下午

四時三十分，在府以茶點款待中央研究院院長錢思亮以及院士樊畿、鄭洪、郭宗德、余南庚、周汝吉、余英時、劉廣京、許倬雲、楊忠道、周元燊等人。曾對院士們以學術報國的熱忱和貢獻，備致讚揚；並希望他們今後多多提供意見，旅居國外的院士們有機會可常常返國，與國內學術界切磋合作，共同致力於國家建設工作。

五時三十五分，見孫院長運璿、馬秘書長紀壯、沈秘書長昌煥、蔣秘書長彥士、朱部長撫松、錢次長復等。

7月31日　星期六

上午

九時十分，在府見郝總長柏村。

九時二十九分，見即將出發的立法委員歐美考察團六位代表。他們是歐洲考察團團長林鈺祥、副團長黃河清，歐美考察團團長牛踐初、副團長王清波、沈世雄及秘書長李友吉等。希望他們利用此次機會，多作一些國民外交工作，來增進與歐美各國的實質關係。

九時四十九分，見馬秘書長紀壯。

九時五十三分，見立法院倪院長文亞。

十時二十七分，見行政院周政務委員宏濤。

十時四十八分，見行政院林政務委員金生。

十時五十八分，見交通部連部長戰。

8月1日　星期日

下午

五時，在大直寓所見蔣秘書長彥士。

晚

八時後，分別打電話給宜蘭縣長陳定南及屏東縣長邱連輝，垂詢強烈颱風「安迪」過境所造成的災情；並指示他們要妥為照顧民眾及加速善後復建。

8月2日　星期一

下午

三時四十七分，至圓山飯店理髮。

四時二十三分，訪陳資政立夫於其寓所。

8月3日　星期二

上午

九時三十七分，在府見張副秘書長祖詒。

十時，主持軍事會談。會談後，分別見孫院長運璿、魏顧問景蒙。

下午

三時四十五分，在府見張副秘書長祖詒。

四時二十五分，接見秘魯副總統兼參議院議長阿爾華夫婦。

四時四十四分，見朱部長撫松。

五時，接見一九八○年諾貝爾獎經濟學得主美國賓州大

學教授克蘭夫婦，和現在美國紐約州立大學任教的我國
學者粟慶雄教授夫婦。

五時五十二分，見馬秘書長紀壯。

六時十分，見郝總長柏村。

8月4日　星期三

上午

八時二十五分，在中央黨部見蔣秘書長彥士。

九時，主持中常會，曾對立法委員同志在立法院第
六十九會期之間，均能依議事常軌，貫徹中央決策，維
護全民利益，適時將重要法案審議通過，如期完成立法
程序，表示佩慰。

十時十六分，見行政院副院長邱創煥。

十時二十五分，見臺北市黨部主任委員關中。

十一時，見高雄市長許水德。

下午

五時，在大直寓所見沈秘書長昌煥。

8月5日　星期四

下午

五時二十四分，在大直寓所見蔣秘書長彥士。

8月6日　星期五

下午

三時五十分，在大直寓所見秦主任委員孝儀。

8月7日　星期六

下午

四時五十五分，在大直寓所見俞總裁國華。

8月8日　星期日

下午

四時十六分，在大直寓所見馬秘書長紀壯。

8月9日　星期一

下午

二時五十九分，至圓山飯店理髮。

三時五十五分，在府見張副秘書長祖詒。

四時二十三分，見聯合報董事長王惕吾。

四時五十一分，見中央研究院院士、國際知名的生化學家李卓皓博士，讚揚其多年來研究腦下腺賀爾蒙的成就，並希望其對國內科技方面的研究發展，能多提供意見。

五時〇八分，見馬秘書長紀壯。

五時十五分，見立法委員張子揚。

五時四十五分，見桃園縣長徐鴻志，垂詢農、漁、工人生活，指示妥善照顧低收入者和受災民眾，並勉其結合地方力量，完成去年兩次水災（「五‧二八」及「七‧一九」）後的復舊未竟工程。

8月10日　星期二
下午

三時五十五分，在大直寓所見郝總長柏村。

五時，見國家安全會議沈秘書長昌煥。

8月11日　星期三
上午

八時十八分，在中央黨部見蔣秘書長彥士。

九時，主持中常會。常會後，見嚴常委家淦。

下午

五時四十分，指示馬秘書長紀壯，以電話垂詢臺北縣長林豐正有關各項救災情形，希望臺北縣政府全力做好救災復舊工作，照顧災民生活；並協調國軍部隊全力支援救災工作。同時也轉達總統對全體救災工作人員辛勞的慰問之意。

今日各報均載，七十一年國家建設研究會籌備委員會最後一次會議中，決定將七月二十二日總統接見此次國建會總領隊、副總領隊等之講話全文發表。茲錄是日總統以「政治、文化、經濟、科技」為題之講詞如次。

政治、文化、經濟、科技

國家建設研究會的最大意義，在於促進國內外學人意見的溝通、智慧的交流，從而建立對國家建設的共識，加強團結，貢獻力量，使國家各項建設不斷發展。

因之，歷年的國建會，不但提供了海內外學術報國的切磋場所，也擔任了海內外學人互通友誼的管道，經國覺得這個會議實在很有價值，也很有成就。

剛才聽了政治外交、文化教育、經濟和科技四個分組領隊的初步結論報告，知道今年的國建會也和往年一樣，已有很多收穫。現在分就這四方面，提出經國一些個人的看法：

首先談政治方面，當前我們的基本國策是：反共復國，實行三民主義。但是這個國策，並非今日所訂，而是建立民國以來，一直就是為了要致力三民主義建設、奮鬥不懈所訂下的基本政策。從推翻滿清、打倒軍閥、對日抗戰、剿匪戡亂、到今天反共復國，無一不是為了要排除實行三民主義的障礙，而犧牲，而努力，雖然歷經狂風暴雨，其結果是任何敵人都被三民主義擊敗。所以我們堅持以三民主義建設國家的政策永遠不會改變，同時也深信，反共復國的大業，也必因堅持這一政策而定獲最後勝利。

回想民國十七年北伐統一以後到對日抗戰開始的那段期間，政府依照三民主義的建國方針，做了許多重大的國家建設，使中華民國顯著地出現快速的進步，正因如此，日本軍閥恐懼中國的強大，乃在民國二十六年發動了全面的侵華戰爭。我們堅決抗戰到底，是為保衛民族的自由獨立。勝利之後，立即召開國民大會，頒行憲法，實施民主憲政，是為民權主義的實現。最痛心的，則是共匪全面叛亂，竊據大陸，使億萬同胞民生凋蔽，錦繡河山被馬列主義污染得瘡痍滿目，所以共黨暴政一

日不除，我們的責任一日沒有盡到。如今政府在復興基地的三民主義建設，欣欣向榮，充分證驗了三民主義的優越性，也更加強了我們的信念，七十一年來由於我們一貫堅持既定國策，使國家在驚濤駭浪中屹立不搖，今後重光大陸國土，亦唯有以三民主義是賴。

中共已經看出了馬列主義必定失敗，它的無產階級專政也必定崩潰，於是重施當年故技，企圖用「和談」、「統一」的詭計，挽回命運。但是大家永遠應該記住：「談判」在自由世界可能是解決問題的合理方式，而在共黨則是另一形式的「戰爭」，也就是當它不能在戰場上以武力達到目的時，便偽裝和平以談判來攫取。在這一點上，我們所受的痛苦經驗最深最切，當年大陸的淪陷，固然原因很多，可是少數政客和共黨同路人組團到北平去跟共黨「和談」則是主因之一。因為首先「和談」造成了我們內部的紛歧，混淆了敵我之分，失去了國家的中心目標，於是也就喪失了意志和力量。如今中共高喊「和談」，還提了所謂「九項」條件，各位試想，中共開始是要血洗臺灣，後來經過古寧頭戰役和八二三炮戰失敗之後，便改以「單日炮擊，雙日停止」的舉措，表示仍和我們保持戰爭狀態，再到中共由於「文化大革命」的動亂，形勢日衰，而相對地我們國力日壯，乃又喊出了所謂「回歸」、「認同」的口號，但結果海內外同胞卻「回歸」在自由的中華民國，「認同」的是三民主義，於是演變到今，而又重彈其一貫的「和談」老調，但其根本目的則始終未變，那就是奪取臺灣，把在臺灣的同胞置於其赤色統治之下。因此，我

們拒絕與它談判，拒絕和它作任何接觸，使它陰謀無法得逞，這並不是退縮，更不是懼怕。相反的，中共卻最怕我們不與它談判，所以我們揭破它的陰謀，並非消極性的，而是積極性的對中共統戰最強有力的反擊。以我們的堅定、茁壯，迫使中共內部混亂、分裂，引發大陸同胞的全面抗暴，是反統戰的最好進攻。

國際間有些人士，可能對於我們的堅強立場不很瞭解，認為我們的政策太僵硬、太頑固，而不表同情。只因他們並不知道，只要我們稍一表示不妨試試談談，我們軍民人心可能因而開始動搖，僑胞對政府反共國策發生懷疑，向心力開始疏離，大陸同胞也從此以為不再能有重獲自由的希望，中共統戰的目的就已達到，這是萬萬試不得的事情。所以不論人家如何批評，我們的基本立場決不能改變。因為究竟我們自己的生存重要？還是獲取別人的同情重要？這是不待解答的問題。換言之，在此大原則下，我們復國建國的方針，只要對國家前途、國民幸福有利的事，必定全力為之；相反的，於國家前途、國民幸福有害的事，斷然不為。

其次談到教育文化方面，我們中華民國今天的教育方針，有兩大目標：一是普及，二是平等，而這兩個目標可以說都做到了。我這樣說，並不表示我們的教育沒有缺點，事實上還有很多地方尚待改進。但以普及來說，目前及齡兒童入學率已達百分之九十九以上，差不多已經接近完全沒有文盲的境地。而在平等方面，則任何家庭子弟，不分職業，不分地位，只要有志上進，都可在公平競爭之下，有絕對平等的機會接受各級教育。

所以無論在大專院校、研究所，以至出國的留學生中，都包含著種種不同的家庭環境和生活背景，充分說明了我們的青年接受教育是一律平等。當然教育的工作除了學校教育之外，社會教育、家庭教育也都非常重要，並且要和學校教育密切配合，才能導引青年走上正途，做一個好國民。目前大家都覺得社會風氣不好，又有許多不良少年犯罪案件，顯示教育工作還得研究改進，應該多去瞭解青年的想法、青年們的問題所在，加以循誘輔導。有好的教育，才有好的國民；有好的國民，才有好的社會，對此我們還須多加努力。

至於文化方面，中共以馬列主義在大陸瘋狂摧殘民族文化，我們正以全力保存中華文化，不僅使在復興基地落實生根，加以發揚光大，並且更要以弘揚民族文化來復國建國。我們深知，教育文化是國家民族的大本，中華文化源遠流長，絕非外來的馬列主義所能替代。我們也深信，憑藉中華文化的精深博大和仁愛為中心的教育宗旨，便是我們反共復國主要的力量所在。

再談經濟方面，大家都說我們的經濟建設頗有成就，這由國民的豐衣足食說明了事實，當然在更高層次的經濟發展上還是面臨著若干挑戰。不過我們的經濟建設始終以國父的民生主義作為最高的指導方針，有正確的道路，所以一切政策和措施，能使公民營事業有良好的配合，農工商各業都能循序發展，國民收入不斷增加，而國民所得分配的差距逐漸縮短，一直朝著「均富」理想的目標行進，因此我們的經濟建設，幸運地已經建立了相當健全的基礎，只要繼續朝此方向努力，未

來當有更好的發展。

經濟學說與理論，學派很多，各有各的立論依據，不過我想決不可能以任何一個理論來解決一切的經濟問題，重要的在於經濟政策的抉擇和實施，首先必須適合國情，一切總以符合民眾利益為前提。因為政府任何措施要向國民大眾負責，所以必須就其利弊得失作通盤的考慮，不能讓民眾受到損害，凡與大眾利益相一致的，亦必符合國家整體的利益。就以近來大家討論得非常熱烈的問題──成長與穩定孰先為例，經國個人覺得兩者實應並重，而在執行之間還得要看時機與狀況，作適當的協調，總使國家經濟在持續不斷成長之中，對國民生活不利的影響減至最小，而使有利的因素發揮到最大。

最後關於科技方面，為使國家建設繼續朝向現代化的目標邁進，科技新知的吸收、引進、移轉，並在國內生根，實為當務之亟。政府除正採取各種措施及途徑，鼓勵科技發展外，人才的培育和獎掖最為重要。今天在座各位之中，很多都是國外學有專長並有成就的科學家或工程專家，尤望海外的學人能夠經常回國，指導國內科技研究工作，加速國家建設的推展。

我們已經訂下計劃，要在民國七十年代進入開發國家的行列，而其成功的最大關鍵，便在於科技發展的進度。所以必須集合我們國內外學術界、企業界以及國防部門的智慧與力量，共同努力，創新奮發，求精求進。國家建設研究會舉辦以來，歷年都有很大貢獻，主要原因是一個自由民主的社會裡，大家一條心，為謀國家的富強、國民的福祉，而集思廣益。不像中共整天搞

鬥爭，毀文化，毀人才，把大陸弄成一窮二白。相對之下，我們猶如一顆晶瑩堅硬的鑽石，而中共則是一堆腐化朽爛的廢鐵。所以我們對反共復國的大業，具有十足的信心，最後必能成功勝利！

8月12日　星期四

上午

八時四十一分，在府見汪顧問道淵。

九時十分，見馬秘書長紀壯及馬參軍長安瀾。

九時二十八分，見立法委員歐洲考察團團長洪昭男、副團長蔡友土，希望他們協助推展國民外交，並藉此機會多介紹我國進步實況。

九時四十五分，見馬秘書長紀壯。

十時，見陸軍軍長（包括空降特戰司令、裝甲兵旅長）周世斌等十一人。

十時五十四分，見海軍陸戰隊司令（包括軍區司令、陸戰隊師長）羅張等六人。

下午

三時二十七分，在府見秦主任委員孝儀。

三時五十八分，見國防部計畫進修獲得博士人員蘇昌信等十三人。

四時二十五分，見郝總長柏村。

四時三十七分，見空軍作戰司令梁德智等九人。

五時二十一分，見張副秘書長祖詒。

五時五十分，見郝總長柏村。

晚

九時許，打電話給桃園縣長徐鴻志，詢問「西仕」颱風在桃縣造成災害的詳情，指示儘速做好災後的復舊工作。

8月13日　星期五

下午

五時三十分，在大直寓所見警備總司令陳守山。

七時，偕同夫人至陽明山孝文先生寓所共進晚餐。

8月14日　星期六

上午

十時十一分，在府見馬秘書長紀壯。

十時四十五分，見中山大學校長李煥。

十一時四十分，見立法委員美洲訪問團團長雷渝齊、副團長黃天福。

十一時五十二分，見馬秘書長紀壯。

十二時，見張副秘書長祖詒。

下午

四時十五分，在大直寓所見蔣秘書長彥士。

六時，見沈秘書長紀壯【編註：原文如此】。

8月15日　星期日

下午

四時，在大直寓所見新聞局宋局長楚瑜。

五時四十九分，見孫院長運璿。

8月16日　星期一

下午

三時三十五分，至圓山飯店理髮。

四時三十一分，在府見宋部長長志。

四時四十八分，見馬秘書長紀壯。

五時三十七分，見沈秘書長昌煥。

五時五十六分，見錢次長復。

七時四十五分，在大直寓所見秦主任委員孝儀。

8月17日　星期二

上午

八時三十二分，在府見秦主任委員孝儀。

九時○一分，見張副秘書長祖詒。

九時三十三分，見俞總裁國華。

十時，主持軍事會談。

十一時二十四分，見孫院長運璿。

十一時五十七分，見沈秘書長昌煥、朱部長撫松及錢次長復。

下午

三時五十八分，在大直寓所見秦主任委員孝儀。

四時五十二分，接見美國在臺協會主任李潔明，並由外交部次長錢復陪同晉見。

晚

八時，舉行座談。參加者有嚴家淦、孫運璿、谷正綱、
黃少谷、袁守謙、馬紀壯、沈昌煥、蔣彥士、朱撫松、
宋長志、郝柏村、錢復等人。

8月18日　星期三

上午

八時〇八分，在中央黨部見蔣秘書長彥士。

九時，主持中常會，就美國與共匪的「聯合公報」，發
表談話，昭示全國同胞、同志，堅守志節，集中力量，
貫徹反共復國的基本國策。

九時四十一分，見秦主任委員孝儀。

九時五十八分，見孫院長運璿。

十時〇八分，見文化工作會周主任應龍。

下午

四時十二分，在府見第一局副局長馬英九。

四時四十五分，見郝總長柏村。

五時〇五分，接見美國國家政策理事會訪華團菲利普斯
等一行七人。

五時四十七分，見馬秘書長紀壯。

蔣經國主席中常會談話

美匪之間在八月十七日發表了所謂「聯合公報」，
外交部對此已經嚴正的表明了政府的堅確立場，並說明
了數月來交涉的經過。在此時刻，本黨更需堅定革命的

志節，集中海內外的力量，以貫徹我們反共復國的基本
國策。因此深望全國同胞、全黨同志，不但絕對不為共
匪的「和平」統戰煙幕所眩惑，絕對不為一時的國際情
勢所困擾，並能滿懷民族的自信心，發揮革命的道德勇
氣，加深憂患意識，捐除一切私見，更加團結惕屬，這
就是先總統蔣公所昭示的「處變不驚、慎謀能斷、莊敬
自強」的自處之道。我們國家以往就是憑藉這種大無畏
的革命精神，來克服一切艱難的。今後更要憑仗這種大
義血忱，從事更堅強、更壯闊的奮鬥。本黨堅持反共復
國的基本國策，就是對國家民族歷史文化負責，也是對
全體海內外同胞的自由和幸福負責。

我們全體軍民同胞三十年來的犧牲奮鬥，已為我們
復國建國的大業，奠定了不敗的基礎。只要我們全體同
胞、同志，一心一德，再接再屬，我們就必能完成國民
革命的歷史使命。

8月19日　星期四

上午

九時十九分，在府見外交部朱部長撫松。

九時五十六分，見陸軍第六軍團司令涂遂等三人。

十時十九分，見陸軍防空飛彈部隊指揮官遲耀宗等
九人。

十時四十分，見憲兵司令劉馨敵等七人。

十一時十五分，見臺北衛戍師師長王宗炎。

下午

四時十六分，在府見張副秘書長祖詒。

四時五十分，見馬秘書長紀壯。

五時二十二分，見國防部宋部長長志。

五時三十五分，見沈秘書長昌煥。

總統因獲悉臺北監獄及新竹少年監獄附設補校有十名服
刑青年，於今年分別考取大專及高中，甚表欣慰。特指
示贈送每人錶筆一支，「荒漠甘泉」一冊及總統手著
「投宿在一個沒有地名的地方」一文，交由法務部部長
李元簇於今日轉發，以示勉勵。

8 月 20 日　星期五

下午

四時，在府見汪顧問道淵。

四時四十一分，見國防部中山科學研究院院長唐君鉑。

五時十二分，見沈顧問之岳。

五時二十九分，見秦主任委員孝儀。

8 月 21 日　星期六

上午

十時〇一分，在府見汪顧問道淵。

十時十五分，見秦主任委員孝儀。

十時二十一分，見魏顧問景蒙。

十時四十九分，見馬秘書長紀壯。

下午

五時二十七分，在大直寓所見俞總裁國華。

8月22日至23日　星期日至一
【無記載】

8月24日　星期二
上午

八時三十四分，至圓山飯店理髮。

九時二十四分，在府見朱部長撫松。

九時四十四分，見馬秘書長紀壯。

九時五十五分，主持財經座談，於聽取與會首長報告及討論後，並指示各級政府及主管部門，要秉持節儉觀念，提前推動公共投資，輔導民間資源，投入科技發展，協助民間企業提高生產力，以增進競爭能力；以及提供有利於企業投資經營的環境；共同為達成國家工業化的目標而努力。

十一時三十五分，見孫院長運璿。

下午

三時二十七分，在府見郝總長柏村。

三時四十三分，見宋部長長志。

四時起，分別見臺灣省糧食局長黃鏡峰、省府委員黃福壽、基隆市長張春熙、澎湖縣長謝有溫、省府委員葉國光、嘉義市長許世賢等。

8 月 25 日　星期三

上午

八時二十分，在中央黨部見蔣秘書長彥士。

九時，主持中常會。常會後，分別見國家安全局局長汪敬煦、臺灣省主席李登輝、臺灣省黨部主任委員宋時選、中央組織工作會主任梁孝煌。

下午

三時五十二分，在府見汪顧問道淵。

四時十分，見張副秘書長祖詒。

四時五十分，約見現年十二歲、曾在美國成為今年最年輕的大學畢業生羅傑及其父母羅榮雄夫婦。勉勵羅傑要不斷努力，才能卓有成就，並贈以所題「鵬程萬里」字屏，期望其前途無量。

五時○二分，見馬秘書長紀壯。

五時二十八分，見行政院邱副院長創煥。

8 月 26 日　星期四

【無記載】

8 月 27 日　星期五

下午

三時二十四分，在府見秦主任委員孝儀。

四時十二分，見宋部長長志。

四時二十四分，見郝總長柏村。

四時三十七分，見清華大學校長毛高文。

四時五十九分，接見大韓民國民主韓國黨總裁柳致松等
三人。

五時二十九分，見新聞局局長宋楚瑜。

五時三十一分，見行政院顧問邵恩新、臺肥董事長王玉
雲、經濟部農業局副局長李鳳鳴、臺灣省政府委員林保
仁、陳孟鈴、柯文福、陳正雄及臺灣省政府民政廳長劉
裕猷。

六時，見中央研究院院士劉遵義。

六時十二分，見馬秘書長紀壯。

8月28日　星期六

下午

四時三十一分，在大直寓所見蔣秘書長彥士。

五時三十分，見秦主任委員孝儀。

8月29日　星期日

下午

四時五十分，在大直寓所見孫院長運璿。

8月30日　星期一

上午

十時二十六分，至圓山飯店理髮。

下午

三時十一分，在府見秦主任委員孝儀。

三時四十八分，見汪顧問道淵。

三時五十七分，見外交部朱部長撫松。

四時四十五分，約晤公私立大學校長虞兆中等十四人，並以茶會款待。在談話中，期勉他們要以多元化、多目標來指引青年，培育人才。同時希望公私立大學，要無分彼此，相輔相成，共為國家高等教育創造更光輝的新頁。

六時十四分，見中山大學校長李煥。

8 月 31 日　星期二

下午

三時四十分起，在府分別見國防部副參謀總長烏鉞、臺南市市長蘇南成、臺灣省公路局局長胡美璜、交通部顧問（前高雄港務局局長）李連墀、彰化縣縣長黃石城、三軍大學校長王多年、政治作戰學校校長林強等。

五時五十二分，見郝總長柏村。

9月1日　星期三

上午

八時○三分，在中央黨部見蔣秘書長彥士。

八時五十四分，主持中常會。常會後，見中央常務委員曹聖芬、高雄市市長許水德。

下午

三時二十三分，在府見輔導會鄭主任委員為元。

三時四十分，見行政院政務委員周宏濤。

四時四十五分，以茶會款待公私立獨立學院院長石延年等十一人，期勉他們應加強師資、設備及教學水準，保持獨特的學術風格，為國家造就各種專門的人才。

9月2日　星期四

今日在七十一年軍人節表揚國軍英雄、楷模暨敬軍模範大會中，特頒書面致詞，勉勵他們應體認歷史所付託的重責大任，更加奮發努力，來壯大復國建國的力量，以加速完成光復大陸、重建中華的神聖使命。

下午

三時二十二分，在府見謝副總統。

三時五十四分，見財政部長徐立德。

四時二十五分，見林國人。

五時，以茶會約請行政院院長孫運璿、立法院院長倪文亞、司法院院長黃少谷、考試院院長劉季洪及監察院院長余俊賢等舉行座談，聽取五院院長施政說明，並就當

前國是交換意見。參加座談者尚有謝副總統東閔及秘書長馬紀壯。

七十一年軍人節表揚國軍英雄、楷模
暨敬軍模範大會書面致詞

宋部長、郝總長,並轉全體英雄模範:

九三軍人節的意義,不僅紀念抗戰的勝利,更代表著八年對日抗戰中我們敵愾同仇萬眾一心的精神和全國軍民犧牲奮鬥百折不撓的意志。而堅苦卓絕所贏得的最後勝利,尤足以說明只要我們精誠團結,奮勵自強,就沒有衝不破的橫逆、打不倒的敵人,也沒有克服不了的困難,或完成不了的任務。

在這光榮的節日來表揚貢獻卓越的國軍各單位的英勇官兵和熱心愛國敬軍的各界人士,意義非常重大。由於各位平日在各個工作崗位上竭智盡忠,為人表率,以身示範,發揮了激勵鼓舞的作用,才有現在各方面的進步和成就。這種傑出的表現,實在可敬可賀。各位不論是國軍英雄、莒光楷模、莒光連隊長、敬軍模範,或優秀互助組長,都是來自軍中與社會的精英,更應體認歷史所付託給我們的重責大任。今後當更加努力,更加奮發,來充實、來壯大我們復國建國的力量,加速完成光復大陸重建中華的神聖使命。

展望當前形勢,共匪在大陸三十多年來的極權暴政已經到了天怒人怨的地步,而我們在復興基地實行三民主義仁政的豐碩成果,形成復興基地與大陸有天堂地獄之別。如今共匪重施各種統戰和談伎倆,益發暴露其覆

亡危機嚴重。由近幾個月接連發生了大陸青年奔向自由
和反共起義的事件看來，匪偽政權的喪鐘已經在各地響
起，我們光復大陸解救同胞的勝利信念已深植在海內外
中華兒女心中。希望大家更奮發自強，力求精進，共同
迎接三民主義統一中國偉大勝利日子的早日來臨！

　　祝福大家精神愉快，身體健康，勝利成功！

9月3日　星期五

下午

三時十七分，在府見秦主任委員孝儀。

三時五十九分，見俞總裁國華。

四時二十三分，邀約工商企業界主要負責人吳三連等
十四人，茶會晤談，交換意見；並期勉他們共同努力，
以突破性的作為，來改善經濟結構與提升工業等級。而
在今後國際市場的競爭中，我們為保存已有的市場，更
必須努力建立我們自己產品的品質、品級與貿易秩序的
新形象。

蔣經國總統對當前經濟建設的看法

一、我國經濟在過去三十多年發展的過程中，雖然遭
　　遇了許多困難，但我們都能一一克復，並且持續地
　　維持了相當高度的成長；其間，民營企業一直都扮
　　演著重要角色，提供了極大的貢獻。三十年以前，
　　民營企業的產值只佔我們全國生產總值的百分之
　　四十三，現在則已高達百分之八十三，尤其這次全
　　世界經濟衰退，我國也深受影響。除了政府採取了

一聯串的輔導措施以助景氣復甦之外，更重要的還是在這段期間，全國企業界都能善體時艱，刻苦經營，並且與政府密切合作，共紓困境，使今年我們的經濟仍有低度的成長，充分顯示今後我國經濟發展，民營企業將更居關鍵地位。

二、當前我們除了努力激勵景氣復甦之外，更應注意的是在預期多變的世界經濟情勢之下，我們如何加速進入一個新的工業化的境界，以建立我們工業經濟的基礎，也就是我們一再強調的改善經濟結構與提升工業等級。這是我們現階段經濟發展所必循之路，而且可以預見這種高層次的發展所遭遇的問題，必將比過去更多、更複雜，因此需要政府與民間企業界進一步的共同努力，付出更多的智慧，更大的毅力，以及更多突破性的作為。

三、我們的經濟是以出口導向為特性，因此我們必須努力維持出口貿易的穩定與成長。過去三十多年的辛苦與努力，我們已在世界貿易市場爭得一席之地。這種成果，得來不易。今後國際市場的競爭，將愈趨愈烈。我們為保存已有的市場並且要繼續擴大，則我們必須努力建立我們自己產品的品質、品級，與貿易秩序的新形象。要使世人都知道中華民國產品的品質是可靠的，品級是不斷提高的，貿易秩序是值得信賴的，如此，我們的競爭力量才可立而不墜。因此，希望我們企業界要以最大的決心來負起建立這種新形象的使命。

四、民間企業推動工商業發展的動力是企業精神，這
　　種精神包括：維護整體經濟利益的觀念，創造新投
　　資機會的能力，管理與科技創新的意志，擔當風險
　　的膽識，和諧的勞資關係，以及善盡企業家的責任
　　等。同時成功的企業家們所領導的民間職業團體，
　　也須樹立自己的道德規範與自制自律的團體力量。
　　這一種精神和一種力量相結合，不僅可使工業產品
　　的品質標準與商業信用保持著高度的評價，加強國
　　家經濟活動的潛力，也可有助於鞏固我們法制社會
　　的基礎，維護一個安和樂利的社會。

9月4日　星期六

上午

八時四十七分，在府見秦主任委員孝儀。

九時十五分，見馬秘書長紀壯。

九時五十分，見新聞局宋局長楚瑜。

九時五十八分，接見前美軍太平洋總司令魏斯納上將。

十時三十分，接見並贈勳大韓民國新社區運動中央本部
事務總長全敬煥。

十時五十四分，見前苗栗縣縣長邱文光、前彰化縣縣長
吳榮興及前雲林縣縣長林恆生。

十一時十分，見外交部錢次長復。

下午

四時五十五分，在大直寓所見沈秘書長昌煥。

9 月 5 日　星期日
下午

三時四十六分，在大直寓所見蔣秘書長彥士。

9 月 6 日　星期一
【無記載】

9 月 7 日　星期二
上午

八時三十五分，至圓山飯店理髮。

九時二十二分，在府見謝副總統。

九時四十分，見張副秘書長祖詒。

十時，主持軍事會談。

十一時〇五分，見孫院長運璿。

十一時二十八分，接見國際同濟會即將就任之總會長羅勃茲。對其歷年來堅持反共立場，為促進中美友誼所作的貢獻，表示讚佩之意。

下午

三時四十一分，在府見張副秘書長祖詒。

四時三十四分，見郝總長柏村。

五時十分，見沈秘書長昌煥。

9 月 8 日　星期三
上午

八時十三分，在中央黨部見蔣秘書長彥士。

八時五十八分，主持中常會。於聽取從政同志交通部部
長連戰報告後，即席指示連部長加強督導道路交通秩
序，並且妥善規劃實施臺北地區大眾捷運系統，為大家
提供行的便利。

十時三十分，見戰略顧問高魁元。

9月9日　星期四

今日各報批露：總統於近週內曾先後約見陸、海、空三
軍部隊指揮人員，聽取軍務報告，並勗勉三軍官兵，
充實新知，勤練戰術，不斷求精求進，肩負保國衛民的
責任。

上午

九時〇五分，在府見馬秘書長紀壯。

九時三十五分，見汪顧問道淵。

九時五十三分，分二批見軍方調職人員陸軍少將張少剛
等二十二人。

下午

四時，在府見海軍鄒總司令堅。

四時四十一分，見魏顧問景蒙。

四時五十五分，見青棒、青少棒、少棒三代表隊之職員
徐傍興等十二人，慰問其辛勞，並提示他們，只要敗
而不餒，再接再厲，奮發向上，則重振往日聲威，並非
難事。

9 月 10 日　星期五

下午

四時〇三分，在府見國防部宋部長長志。

四時二十八分，約集沈秘書長昌煥、宋部長長志、郝總長柏村、安全局副局長周菊村、警備總司令陳守山、憲兵司令劉馨敵、警政署長何恩廷、調查局長阮成章等座談。

五時十五分，見郝總長柏村。

9 月 11 日　星期六

下午

三時三十分，偕同夫人至民權大橋巡視後，返回寓所。

四時五十五分，在大直寓所見蔣秘書長彥士。

9 月 12 日　星期日

下午

四時四十七分，在大直寓所見蔣秘書長彥士。

五時二十八分，見沈秘書長昌煥。

9 月 13 日　星期一

下午

三時三十四分，至圓山飯店理髮。

四時二十一分，在府見張副秘書長祖詒。

四時五十分，見國家安全局汪局長敬煦。

五時十三分，見黨史會秦主任委員孝儀。

9月14日　星期二

下午

三時〇三分，在府見秦主任委員孝儀。

三時三十四分，見馬秘書長紀壯。

三時五十三分，見北美事務協調委員會駐美代表蔡維屏。

五時，接見南非共和國財政部長霍伍德夫婦等六人。

五時二十二分，見馬秘書長紀壯。

9月15日　星期三

上午

八時十五分，在中央黨部見蔣秘書長彥士。

九時，主持中常會。於聽取大陸工作會主任白萬祥對於共匪「十二全大會」情形的報告後，勗勉全國同胞、全黨同志倍加惕勵，共同貫徹以三民主義統一中國的作為，團結奮鬥，自立自強，以爭取反共中興大業的勝利成功。

十時十五分，見孫院長運璿。

十時二十三分，見中央常務委員余紀忠。

十一時〇三分，見馬秘書長紀壯。

下午

四時二十七分，在府見中央黨部政策委員會秘書長趙自齊。

五時〇七分，見郝總長柏村。

五時四十分，見馬秘書長紀壯。

9 月 16 日　星期四

上午

九時五十四分，在府見臺灣軍管區所轄師、團管區司令
陸軍中將鍾遠宏等二十五人。

9 月 17 日　星期五

下午

四時，在府見張副秘書長祖詒。

四時二十七分，見空軍郭總司令汝霖。

五時，接見美國前海軍軍令部部長海華德夫婦。

五時三十九分，接見美國諾斯洛普公司董事長瓊斯。

9 月 18 日至 19 日　星期六至日

【無記載】

9 月 20 日　星期一

下午

三時二十二分，至圓山飯店理髮。

四時十五分，在府見馬秘書長紀壯。

四時二十八分，見立法院倪院長文亞。

9 月 21 日　星期二

上午

九時五十五分，主持軍事會談。

下午

三時四十五分，在府見汪顧問道淵。

三時五十九分，見外交部錢次長復。

四時二十五分，約見勞工代表陳錫淇等十人。在談話中，讚揚他們為生產線上無名英雄。希望各界效法勞工朋友勤奮不懈的精神，集中力量，參與國家建設，厚植國家力量，為國家開創遠大光明的前途。

五時十一分，見馬秘書長紀壯。

9月22日　星期三

上午

八時十七分，在中央黨部見蔣秘書長彥士及臺灣省政府李主席登輝。

八時五十七分，主持中常會。

九時五十四分，見孫院長運璿。

十時○六分，見袁常務委員守謙。

十時三十一分，見蔣秘書長彥士。

下午

四時五十五分，在大直寓所見沈秘書長昌煥。

9月23日　星期四

下午

四時○七分，在府見馬秘書長紀壯。

四時十八分，約見農、漁民代表廖坤元等十四人，詳詢農民大眾的生產收益與生活狀況；對漁民出海作業安全

及漁業資源的開發等問題，也表示特別關切。此外，還
勉勵他們，不斷進步，續創佳績，以完成產銷現代化，
使生活環境能夠日趨於美好富足。

五時〇六分，見馬秘書長紀壯。

五時四十五分，見蔣秘書長彥士。

9月24日　星期五

下午

四時〇三分，在府見張副秘書長祖詒。

四時十八分，見臺北市黨部主任委員關中。

四時三十九分，見北美事務協調委員會駐美代表蔡
維屏。

五時，見亞東關係協會駐日代表馬樹禮。

五時二十一分，見秦主任委員孝儀。

五時五十分，見沈秘書長昌煥及錢次長復。

9月25日　星期六

下午

三時五十五分，至榮民總醫院眼科作檢查。

四時三十二分，離開榮民總醫院至竹子湖散步後，返回
大直寓所。

9月26日　星期日

下午

三時五十分，在大直寓所見蔣秘書長彥士。

四時五十分，見新聞局宋局長楚瑜。

9 月 27 日　星期一

上午

九時二十分，在大直寓所見秦主任委員孝儀。

九時五十一分，見外交部朱部長撫松。

十時十一分，至圓山飯店理髮。

十一時〇四分，在府見馬秘書長紀壯。

下午

四時二十分，在大直寓所接見美國在臺協會理事長丁大衛及臺北辦事處主任李潔明。

五時五十分，在府見馬秘書長紀壯。

六時十五分，接見象牙海岸外交部長阿蓋等三人。

9 月 28 日　星期二　教師節

總統書勉全國教師，要發揮專業精神，提高教學效果，更要加強民族精神教育，培育具有堅定民族意識的國民，積極參與國家建設工作。

下午

三時五十二分，在府見朱部長撫松。

四時二十一分，約見第二十屆中華民國十大傑出青年王洒慇等十人。對他們克服困難，研究創造，表示嘉許。並期勉他們本此精神，益求精進，俾以更多的成就，奉獻於國家社會。

五時三十二分，見蔣秘書長彥士。

七時四十六分，在大直寓所見秦主任委員孝儀。

教師節賀詞

全體教師同仁們：

今天是孔子誕辰紀念，也是七十一年教師節，經國對於全國教師為教育下一代而終年辛勞，深感佩慰，特藉這個機會，表示誠摯的敬意和謝意。

政府將教師節訂在孔子誕辰的同一天，實在具有深遠的意義。一方面是在確認教師對於國家的偉大貢獻，一方面是要大家深體孔子的教育思想、精神與方法，而予以發揚光大。

孔子「有教無類」的教育思想，是我們實施教育機會均等政策的先驅。孔子學而不厭、誨人不倦、發憤忘食、樂以忘憂，是教師專業精神的具體表現。孔子在教學時所使用的循循善誘、因材施教的法則，可以說是一種完美的教學方法。而更重要的是在一個世亂紛紛的時代中，孔子獨能秉持民族大義，倡導正名，尊王攘夷，這種以天下國家為己任的偉大懷抱，為後世知識份子樹立了最好的楷模。

當前國家遭遇艱難險阻，民族文化正受空前挑戰，深望各級學校教師，不僅要重視教學方法，發揮專業精神，提高教學效果；更要加強民族精神教育，培養具有堅定民族意識的國民，積極參與國家建設工作，以促進全民團結，弘揚民族文化，實踐三民主義。

先總統蔣公對於教育工作非常重視，對教師的責任和使命也有深切的期許。蔣公說：「我們做教師的地位非常清高，而所負的救國使命實在非常重大，國家一切政治之隆污，風俗之厚薄，人心之振靡，人才之盛衰，

進個責任完全落在我們教師的肩上。我們做教師的責任和地位最重要的一點，就在於變化氣質，轉移風氣，改革習俗，無論頹廢怎樣積重難返，也要由我們挽救過來。」

　　值此教師佳節，經國特別恭錄這段講話與全體教師共同勉勵。並敬祝全國教師身體健康，佳節愉快。

9月29日　　星期三

上午

八時十七分，在中央黨部見蔣秘書長彥士及陳副秘書長履安。

八時五十五分，主持中常會。

九時四十六分，見孫院長運璿。

九時五十五分，見俞總裁國華。

十時十三分，見臺灣省黨部宋主任委員時選及余副主任委員學海。

十時三十六分，見秦主任委員孝儀。

十時五十一分，見蔣秘書長彥士。

下午

三時三十四分，在府見汪顧問道淵。

四時○一分，見馬秘書長紀壯。

四時二十八分，見沈秘書長昌煥。

五時，見行政院政務委員李國鼎。

9 月 30 日　星期四

下午

三時五十五分，在府見張副秘書長祖詒。

四時二十三分，約見宗教界代表釋白聖等十人。詢問各宗教近況，並期勉他們，善導信徒，倡行勤奮儉樸的生活，培養守法守紀的習慣，共同發揮改善社會風氣的功能。

四時五十八分，見馬秘書長紀壯。

五時十七分，見蔣秘書長彥士。

五時四十五分，見郝參謀總長柏村。

10月1日　星期五　中秋節

下午

四時二十六分，至榮民總醫院探視魏顧問景蒙。

四時三十六分，返大直寓所。

五時四十五分，至慈湖謁陵，並在陵寢晚餐後返大直寓所。

10月2日　星期六

【無記載】

10月3日　星期日

下午

四時二十七分，在大直寓所見沈秘書長昌煥。

10月4日　星期一

下午

三時二十五分，至圓山飯店理髮。

四時二十二分，在府見馬秘書長紀壯。

四時五十三分，見汪顧問道淵。

五時〇二分，見中央銀行俞總裁國華。

五時三十八分，見張副秘書長祖詒。

10月5日　星期二

下午

五時十八分，在大直寓所見黨史會秦主任委員孝儀。

10 月 6 日　星期三

上午

八時二十八分，在中央黨部見蔣秘書長彥士。

八時五十三分，主持中常會。

十時十三分，見立法委員陸京士、林棟、袁其炯、莫萱元、許勝發、黃通等六人。

十時三十八分，見蔣秘書長彥士。

十時四十三分，見王顧問任遠。

十時五十八分，見秦主任委員孝儀。

下午

三時五十七分，在府見馬秘書長紀壯。

四時二十三分，見張副秘書長祖詒。

四時五十五分，見沈秘書長昌煥。

10 月 7 日　星期四

下午

四時○八分，在大直寓所見汪顧問道淵。

10 月 8 日　星期五

下午

四時十五分，在府見宋部長長志。

四時三十五分，見馬秘書長紀壯。

四時五十六分，見汪顧問道淵。

五時十分，見沈秘書長昌煥。

五時四十分，見宋局長楚瑜。

10月9日　星期六

上午

九時三十五分，至圓山飯店理髮。

十時二十六分，在府見郝總長柏村。

10月10日　星期日

今日為中華民國七十一年國慶日，特發表祝詞，勗勉全國同胞，自立自強，勇往直前，遵循國父暨先總統蔣公兩位偉大領袖的遠見和啟示，齊在青天白日滿地紅的國旗之下，為反共復國大業繼續奮鬥。

上午

九時，在總統府主持中樞慶祝建國七十一年紀念典禮，口頭發表了祝詞全文。所有參加典禮的人士，無不對總統的精神與毅力，感到欽敬。

九時三十分，接見駐華使節團及外國貴賓，接受他們對我國國慶的道賀。

十時十九分，蒞臨府前陽臺，接受二十五萬參加國慶大會的民眾及僑胞與外賓的歡呼。並期勉海內外全體同胞，大家心心相印，肝膽相照，必能消滅大陸共產暴政，使我們全中國成為自由、民主、統一的國家。

十時二十七分，見汪顧問道淵。

十時三十六分，見孫院長運璿。

下午

三時五十二分，在大直寓所見秦主任委員孝儀。

四時二十四分，見俞總裁國華。

七時三十二分，與夫人同車巡行臺北市區——經中山北路、中山南路、愛國東路、金山街、新生北路高架橋等處而後返。

蔣經國總統國慶祝詞

辛亥的光榮，雙十的光輝，永遠閃耀在每一個中國人的心目之中。十月十日是中華民族啟明復旦的日子，也就是中華民國的偉大國慶日，我們海內外同胞，都將永遠為之慶祝，為之歡欣，為之鼓舞。

中華民國以三民主義立國，也以三民主義建國。七十年來的堅苦奮鬥，諸先烈的犧牲，志士們的流血，無不為了排除一切障礙，以求三民主義實行於全國，進國家民族於大同。而七十年來的歷史事實，也充分證明了唯有三民主義可臻中國於富強，導世界於和平。誠然共匪禍國至今未靖，但這幾十年的實證經驗，共產制度之將被棄置於歷史灰燼之中，已屬必然的定局。凡我同胞，只要自立自強，勇往直前，民國七十年代必將是三民主義統一中國的年代。

國父在民國元年開國紀念日就任臨時大總統的宣言中曾說：「從事於革命者，皆以誠摯純潔之精神，戰勝其所遇之艱難。即使後此之艱難，遠逾於前日，而吾人惟保此革命之精神，一往無阻，必使中華民國基礎確立於大地。」先總統蔣公在民國四十年的第一次國父紀念週會上也曾說：「我們始終確信，無論世界形勢如何變化，最後勝利必屬於我們，這是毫無疑義的，因為公

理與正義皆在我們掌握之中，尤其是我們的三民主義必能戰勝一切。」遵循兩位偉大領袖的遠見和啟示，再多的艱難，再大的變化，阻擋不住我們誠摯純潔的革命精神，朝向三民主義建國大道的目標邁進！

三民主義統一中國已是當前海內外全體中國人一致企求的願望，也是民國七十年代每一中國人所要擔負的時代使命。如今大陸同胞爭自由、反暴政的浪潮，正是風起雲湧，因之我們必須化願望為積極的行動，號召全民，人人參與，以堅強的意志、緊密的團結、樂觀的信心，集合海內外一切力量，把波瀾壯闊的反共運動，以雷霆萬鈞之勢，深入推進中國大陸，一舉摧毀匪偽政權，徹底消滅共產制度，還我全體同胞以自由、民主、幸福的生活，重建三民主義安和、樂利、均富的新中國！

讓我們齊立在青天白日滿地紅的國旗之下，為反共復國大業繼續奮鬥，一心一德，貫徹始終。也讓我們同為中華民國基礎確立於大地，齊聲歡呼：

三民主義萬歲！中華民國萬歲！

國慶大會講話

親愛的父老兄弟姊妹們以及海外歸國的僑胞們：

七十一年以前的今天，我們的國父孫中山先生推翻了滿清，在亞洲創建了第一個民主共和國。炎黃的子孫，都以此為榮。

七十一年來，我們為實行三民主義，求得中國的自由平等，寫下了一部全國軍民犧牲奮鬥的革命歷史。在

此期間，我們遭遇過挫折，但我們愈挫愈奮，都能扭轉失敗為成功。今天我們正擔負著實現先總統蔣公的遺訓，就是要鞏固復興基地，光復大陸國土，這是艱鉅的歷史任務。不過我們堅決的相信，只要海內外全體同胞能夠發揚開天闢地的魄力，生龍活虎的精神，大家心心相印，肝膽相照，就必定能夠消滅大陸上的共產暴政，拯救大陸上的億萬同胞，使我們全中國成為自由民主統一的國家。讓我們大家心連著心，手牽著手，向前邁進，爭取更大的勝利，和最後的成功。讓我們高呼：三民主義萬歲！中華民國萬歲！

10 月 11 日至 14 日　星期一至四
【無記載】

10 月 15 日　星期五
上午

八時四十分，在大直寓所見馬秘書長紀壯。

九時三十三分，見蔣秘書長彥士。

下午

三時四十七分，在大直寓所見秦主任委員孝儀。

10 月 16 日　星期六
【無記載】

10月17日　星期日

上午

八時三十六分，至圓山飯店理髮。

下午

三時五十八分，在大直寓所見國家安全會議沈秘書長昌煥。

10月18日　星期一

上午

九時十三分，在府見輔導會鄭主任委員為元。

九時三十一分，見僑委會毛委員長松年。對僑胞踴躍回國參加十月慶典，表達大家對自由祖國的向心力，深為感動。特囑毛委員長代致嘉慰之意。

九時四十一分，見我駐馬來西亞新任商務代表孔令晟。

九時五十三分，接見美國新聞週刊駐香港暨北平主任羅偉林，並答覆其所提出之問題。

十時二十七分，見張副秘書長祖詒。

十時四十二分，見宋局長楚瑜。

十時四十九分，接見蒙胞代表團團長色德巴、藏胞代表團團長薩加吉達爾達欽及其團員等一行，對他們在僑居地致力國民外交，表示欽慰之意。

十一時十六分，見戰略顧問賴名湯。

10 月 19 日　星期二

下午

三時三十分，在府見張副秘書長祖詒。

三時五十六分，在辦公室為光復節前夕談話錄影。

四時十二分，與錄影工作人員合影。

四時十五分，見郝總長柏村。

四時三十七分，見宋局長楚瑜。

四時四十八分，見錢次長復。

五時十八分，見汪顧問道淵。

10 月 20 日　星期三

上午

八時十五分，在中央黨部見蔣秘書長彥士。

九時，主持中常會。會後，見孫院長運璿。

下午

六時，在大直寓所見宋局長楚瑜。

10 月 21 日　星期四

【無記載】

10 月 22 日　星期五

下午

三時五十分，在府見秦主任委員孝儀。

四時十五分，見蔣秘書長彥士。

四時四十八分，見朱部長撫松。

五時〇七分，見秦主任委員孝儀。

五時十五分，見郝總長柏村。

五時二十八分，見張副秘書長祖詒。

10 月 23 日　星期六

上午

九時五十一分，在府見謝副總統。

十時二十三分，見駐南非共和國大使楊西崑。

十時五十分，見宋部長長志及郝總長柏村。

10 月 24 日　星期日

上午

十時三十分，在大直寓所見郝總長柏村。

十一時四十四分，見秦主任委員孝儀。

下午

四時，在大直寓所見沈秘書長昌煥。

今日致函臺灣省政府主席李登輝，祝賀臺灣光復節，同時嘉勉其主持省政一年來之辛勤努力。並請代向省民轉達祝福之意。

今日發表光復節前夕談話，期勉同胞珍惜光復臺灣成果，團結奮發，重光大陸，統一中國。

光復節談話

親愛的父老兄弟姊妹們，大家好！經國為你們祝福，年年豐收，家家平安，人人健康！

今天在臺灣光復三十七年紀念日的前夕，和各位講話，內心非常高興，也有很多的感想。回憶三十七年前，全國同胞為了民族的獨立與自尊，流了無數血汗，贏得對日抗戰的勝利，才能得到臺灣光復的成果，這個成果實在得來不易，大家不但要共同珍惜，尤其需要更加努力，以光復臺灣的大義血忱來光復大陸。

光復以後的臺灣，憑著全體軍民同胞辛勤的耕耘，努力的建設，才有今天的豐衣足食和安定繁榮，但最重要的還是靠著兩大因素：一是大家精誠的團結，不分老幼、不分地域，一心報國，同為鞏固復興基地而奉獻；一是大家奮發的毅力，莊敬自強，堅忍沉著，樂觀勇敢，同為反共復國而奮鬥。這是中華民國所以屹立不搖，並且日趨壯大的兩大因素，也是今後光復大陸的兩大關鍵，需要我們切實把握，切實力行。

政府的主要責任是保障國家安全，維護社會安寧，促進國民福祉，所以只要是於國於民有利，必定全力而為。雖然現在所做的一切，不敢說都能十分滿意，很多地方還待檢討改進，但是確保民主、自由與法治，為三民主義建設而努力的決心，任何情況之下不會改變。在這個大目標之下，我們將盡一切力量，排除困難，推動國家建設，使復興基地更壯盛、更強大！

先總統蔣公早在民國四十年的光復節，就曾提示我們：「政府對於臺灣省的建設，始終是要努力貫徹，成

為一個三民主義的模範省，來做各省建設的模範。這些
努力不獨為了滿足臺灣省同胞的共同願望，更是為了
復興中華民國光明的象徵。」可知建設臺灣，如果不以
光復大陸、重建新中國作好藍圖為目標，那就失去其崇
高的意義，而建設臺灣的成效，也就是反共復國最好的
保證。今天的事實足以說明，經過這三十多年來大家團
結、奮發的結果，臺灣已經成為光芒萬丈的三民主義模
範省，更已成為所有中國人的希望所在。只要我們能夠
更加團結、更加奮發，就一定可以進步更進步，不斷的
光照大陸，早日以三民主義統一全中國！

　　在這喜氣洋洋的光復節，我衷心祝福每一位同胞都
健康、快樂、進步，也祝福每一個家庭都祥和、興旺、
美滿，更盼望大家共同以「更加團結、更加奮發」相互
勉勵，一起迎接重光大陸的光輝勝利！謝謝大家！

10月25日　星期一

今日各報發表總統接受美國新聞週刊訪問問答全文。

下午

三時四十七分，在大直寓所見蔣秘書長彥士。

今晚行政院新聞局局長宋楚瑜，代表總統以「蘇俄在中
國」（英文版）一書，致贈來華訪問之索忍尼辛。

蔣經國總統美國新聞週刊訪問問答

一、請閣下描述自本年八月美匪「聯合公報」宣布以來的中美關係情形。

答：中華民國人民對美國政府一再向中共壓力讓步，深感不解。吾人深信，倘此種趨勢仍任其繼續發展，對中美雙方均無好處。吾人欣見雷根總統是一位有原則重信諾的政治家，在雙方推誠相與的基礎上，軍售問題應可迎刃而解，今後在經貿、科技、文化各方面之合作關係也將日有增進。

二、「美匪公報」會使中華民國更容易受到中共的武力攻擊嗎？

答：此一地區的和平與安全有賴於中華民國的強大與安定。任何限制中華民國防衛武器質與量的作法，不但不能帶來和平，還可能鼓勵中共的軍事冒險，更何況中共一再聲稱「絕不向任何外國作不對臺灣使用武力的承諾」。

三、在「美匪公報」中暗示性的限制下，中華民國將如何加強其防衛能力？

答：中國人一向認為自助而後人助，我們將全力發展自立的國防工業並確保新的武器來源。

四、「八一七公報」之後閣下是否認為中華民國需要尋求美國以外的新的武器供應者？

答：為了一千八百萬人的自由與安全，為了國家長遠目標的得以實現，我們必須儘一切可能獲取防禦所必需的武器。美國仍將是我們主要的武器來源。

五、閣下是否認為美國對中華民國的防衛承諾已有腐蝕
　　現象？一九七九年的臺灣關係法是否為一足夠的防
　　禦保證？

答：無人相信美國政府有意背棄中華民國，或有意任由
　　中共赤化臺、澎、金、馬。我們對美國人民的智慧
　　深具信心，為了維護美國本身的最佳利益及國際信
　　譽，我們也不相信美國政府對維護自由的承諾會有
　　改變，但美國必須極度慎重，勿陷入中共的陷阱，
　　對其無理要求再作任何讓步。

六、最近中共十二全大會宣稱中共政權目前最優先的
　　政策為「四個現代化」的經濟計畫，而且共軍正因
　　俄、越的軍事威脅而被牽制於此二國界。由此看
　　來，中共對中華民國的軍事威脅究竟有多嚴重？

答：我們與中共數十年之鬥爭經驗得知中共狡詐成
　　性，如以常理推斷中共的行動，常易受其欺騙。
　　一九七九年時，俄匪關係惡劣，雖然蘇俄在中國大
　　陸邊境駐有大量武裝部隊，但中共仍揮軍攻打越
　　南。更何況中共已明白將赤化自由中國列為一九八
　　○年代三大任務之一，我們必須提高警覺防備中共
　　使用和戰並用的策略。

七、為何貴國拒絕中共的「九點建議」與廖承志的
　　信函？

答：因為反共的歷史和經驗告訴我們，這些都是中共慣
　　用的統戰花招，他們的最終目標是赤化我們，使我
　　們失去自由。在中國大陸的同胞深受中共暴政的迫
　　害，為了爭取自由想盡辦法逃離鐵幕之時，我們不

1982 年 10 月 | 161

會愚蠢到去跳進他們所設的陷阱。

八、在何種條件下，中國和平統一的談判才有可能
開始？

答：在共黨的詞彙中，談判是戰爭的另一種形式。當中
共無法以武力赤化我們之時，他們就想用談判來
分化我們，以製造消滅我們的機會。中國的統一，
只有當共黨政權與共產制度在中國大陸消失時才有
可能。

九、縱然政治性的統一談判不可能展開，閣下認為中華
民國與中國大陸間的直接貿易，在何種狀況下可被
允准？

答：共產制度是自由貿易的最大障礙，因之中共偽政權
的存在才是臺灣海峽兩岸直接貿易的唯一障礙，中
共企圖以貿易為餌，向我推銷其政治毒藥。

十、此間的政治觀察家經常談及臺灣人與一九四九年來
自大陸的中國人間有隔閡。閣下認為此種隔閡存在
嗎？是則應如何溝通？

答：所謂「臺灣人」與「大陸人」的說法，實際上是一
種不正確的過份誇張，因為大家都是中國人，只是
有先來與後來之別而已。在社會上大家都有平等的
機會，談不到甚麼隔閡，尤其是面臨中共的威脅，
大家都有休戚相關的共識。

十一、在國內政治方面，閣下是否預見非國民黨的政治
團體在未來的歲月中扮演更大的角色？有無可
能成立新的政黨？

答 ：非執政黨人士與執政黨黨員在政治、經濟、社會

和教育各方面的機會都是完全平等的。吾人樂
觀有更多的人關心大眾的事，並為大眾服務。
在政黨的活動方面，除執政黨外尚有民、青兩
黨，政府認為有志從政人士可以無黨籍身分公
開發表政見，參與各種公職的競選，參與的孔
道是公平、公開、公正的。

十二、美國國務院稱此地的人權狀況為「有欠均衡」，
而若干人權團體，如國際赦免組織則批評貴國
政府的某些司法及安全措施與政策，閣下可否
有所說明？

答 ：我們不願意對外界未能完全瞭解事實而造成偏
頗的批評有所辯駁，但中華民國政府一向努力
於保障人權及伸張正義，近年來我們在保障人
權的立法方面所作的努力，也是有目共睹的
事實。

十三、特別地，閣下可否解釋繼續實施「戒嚴法」及新
聞檢查制度的原因嗎？

答 ：迄今為止，中共一直沒有放棄以武力赤化自由中
國的企圖。而且處心積慮以各種方式對我們內
部進行滲透顛覆。我們面臨此種威脅，所以有
必要實施戒嚴，以維護社會的安寧，並保障人
民的福祉。事實上我們所實施的戒嚴，與西方
社會所想像的在實施戒嚴法之下一切均由軍事
管制，其性質完全不同，亦即僅限於因應上述
威脅所必要的程度。因之我國人民仍享有憲法
所保障的基本自由。

十四、值此全球蕭條之際，中華民國應如何調整經濟以
　　　繼續維持其高度的經濟成長？

答　：為解決當前經濟困局，維持經濟持續成長，除採
　　　行信用放寬政策，降低利率，擴大投資抵減適
　　　用範圍外，同時，一方面協助工商業獲取所需
　　　產銷資金，降低生產成本，提高對外競爭力，
　　　並減輕資金週轉壓力；另方面激勵投資，增加
　　　有效需求，以帶動工業的擴張，維持經濟的持
　　　續成長。

十五、貴國政府有否計畫在最近的未來採行刺激經濟成
　　　長的措施？

答　：在未來的經濟成長過程中，中華民國將致力於
　　　提供一個有利的投資和企業經營的環境，促進
　　　企業規模的合理化，加速技術創新，提高生產
　　　力，建立健全的工業體系，擴大對外經濟合
　　　作，以使我國的經濟能在八十年代進入開發國
　　　家之列。

十六、閣下對於來自中國大陸的威脅，重視的程度
　　　如何？

答　：他們一天二十四小時不分晝夜準備進犯我們，
　　　我們則一天二十四小時不分晝夜的準備應戰。
　　　他們將會在時機成熟時攻擊我們。至於他們將
　　　在何時、如何攻擊我們，則難以逆料。另一方
　　　面，我們無懼於他們發動的任何攻擊。我們已
　　　有充分的準備。目前，我們主要的軍事戰略政
　　　策是著重於反潛作戰，同時確保我們在臺灣海

峽的空中優勢及海上優勢。

十七、貴國說要光復大陸，這要在何時、如何實現？

答 ：我們已說得非常明白，光復大陸並非要靠軍事
手段來實現。這完全是一個政治問題。中共正
在政治、經濟，尤其是軍事方面遭遇各種問
題。從他們的「黨代表大會」中，我們已看出
來，鄧小平本人目前無法控制軍方。軍方可能
把中國大陸分割成數個勢力範圍。此種可能
性的出現，將是中共政權崩潰的開始。人們通
常以為我們將需要以軍事行動來光復大陸，其
實，由於中共內部鬥爭的結果，此事將隨之自
然的實現。

十八、我獲悉，貴國如果願意的話，很快就能發展核子
武器。請問貴國考慮這麼做嗎？

答 ：四年前我們就有能力製造核子彈了。但是，我們
已明白表示，基於下述兩個理由，我們不會製
造核子彈：第一，製造核子彈的目的是針對假
想敵。就我們的情況而言，我們不能製造核子
彈來對付我們在中國大陸上的同胞。我相信，
關於我們的核子計畫，美國政府有許多有關的
資料，應該非常瞭解這是我們的基本原則。第
二點理由是，我贊成禁止核子擴散。我認為，
美國所採取的禁止核子擴散的政策非常正確。
核子擴散的結果並不符合人類的利益。

10 月 26 日　星期二

上午

八時三十七分，至圓山飯店理髮。

九時十九分，在府見郝總長柏村。

九時三十三分，見馬秘書長紀壯。

九時五十五分，主持軍事會談。

十一時，見張副秘書長祖詒。

下午

四時十五分，在大直寓所見蔣秘書長彥士。

10 月 27 日　星期三

上午

八時二十二分，在中央黨部見蔣秘書長彥士。

九時，主持中常會。會後，見臺灣省政府主席李登輝。

10 月 28 日　星期四

上午

九時十二分，在府見汪顧問道淵。

九時二十五分，見郝總長柏村。

九時四十四分，分三批見軍方調職人員陸軍中將劉馨敵
等四十三人。

下午

三時十三分，在府見張副秘書長祖詒。

三時五十八分，見軍方調職人員陸軍上校劉建軍等十

五人。

四時二十三分，見郝總長柏村。

四時三十六分，見行政院政務委員林金生。

四時五十六分，見行政院政務委員張豐緒。

五時，見行政院駐美採購服務團主任溫哈熊。

五時五十八分，見宋局長楚瑜。

10 月 29 日　星期五

下午

四時十七分，在府見宋局長楚瑜。

四時三十分，見駐南非共和國大使楊西崑。

四時三十九分，見郝總長柏村。

四時五十四分，見十大傑出榮民潘維和等，嘉許他們因
精進不懈而獲得的突出成就。並希望由於他們的當選，
更可鼓勵所有榮民均能發揮進取奉獻的意志，一齊來參
與國家建設的行列。

五時十九分，見馬秘書長紀壯。

10 月 30 日　星期六

上午

十時○二分，至圓山飯店理髮。

下午

四時○二分，在大直寓所見蔣秘書長彥士。

五時四十八分，偕同夫人至士林官邸與家屬同進晚餐，
為先總統蔣公誕辰敬表追思。

七時二十分，返大直寓所。

10 月 31 日　星期日

上午

八時二十七分，偕同夫人至府。

九時，在府主持中樞舉行之先總統蔣公九秩晉六誕辰紀念會。陸軍一級上將顧祝同在會中以「仰懷盛德、力行遺訓」為題，恭述蔣公偉大的眼光，仁愛的胸襟和堅忍的意志，崇高的人格與不朽的事功。

九時二十八分，赴慈湖。

十時三十三分，率同中央黨、政、軍首長謁陵致敬。

十一時〇八分，返大直寓所。

下午

三時五十分，在大直寓所見秦主任委員孝儀。

四時二十分，見宋局長楚瑜。

11月1日　星期一

上午

九時二十一分，在府見秦主任委員孝儀。

九時四十分，見馬秘書長紀壯。

十時，接見海地共和國內政暨國防部部長拉楓丹、計畫
部部長魏爾以及工商部部長西蒙等三人。

11月2日　星期二

下午

四時十五分，在大直寓所見沈秘書長昌煥。

11月3日　星期三

上午

八時三十分，在中央黨部見蔣秘書長彥士。

八時五十二分，見孫院長運璿。

九時，主持中常會。

十時〇二分，見臺灣省黨部主任委員宋時選。

十時三十七分，見馬秘書長紀壯。

十時五十分，見青年工作會主任張豫生。

下午

五時，在大直寓所見秦主任委員孝儀。

11月4日　星期四

下午

三時五十三分，在府見張副秘書長祖詒。

四時十八分，見郝參謀總長柏村。

四時三十分，接見哥斯大黎加共和國前總統卡拉索及其次公子馬里奧・卡拉索等二人。

四時五十五分，接見多明尼加共和國駐華大使谷士曼。

五時〇四分，見馬秘書長紀壯。

五時二十分，接見美中經濟協會理事長大衛・甘迺迪。

11 月 5 日　星期五

下午

五時，在大直寓所接見前美軍顧問團團長戚烈拉將軍，並以茶點款待。

11 月 6 日　星期六

【無記載】

11 月 7 日　星期日

下午

三時五十四分，在大直寓所見俞總裁國華。

11 月 8 日　星期一

【無記載】

11 月 9 日　星期二

上午

十時四十五分，至圓山飯店理髮。

下午

三時四十七分，在府見郝總長柏村。

四時十分，見外交部朱部長撫松。

四時二十七分，接見哥斯大黎加共和國前總統奧杜伯及哥國交通暨公共工程部部長阿拉雅等二人。

四時五十五分，接見美國新罕布什州前州長湯姆森夫婦。

五時二十四分，接見來華參加第六屆中美工商界聯合會議的美國肯塔基州州長布朗夫婦及美國聯邦參議員達瑪托等三人。

11 月 10 日　星期三

上午

八時二十三分，在中央黨部見蔣秘書長彥士。

九時，主持中常會。

十時〇九分，見孫院長運璿。

十時二十九分，見馬秘書長紀壯。

十時三十二分，見臺灣省政府李主席登輝。

十時四十二分，見國大代表謝隆盛等六人。

十時五十一分，見外交部次長錢復。

下午

四時十六分，在大直寓所接見美國在臺協會臺北辦事處主任李潔明。

11 月 11 日　星期四

今天是中國土地改革運動五十週年紀念日。總統特頒發賀詞，勗勉全體會員，今後繼續闡揚政府土地政策，加速我國土地改革邁入新境，以促使三民主義統一中國大業早日完成。

11 月 12 日　星期五

上午

九時三十三分，在府見馬秘書長紀壯。

十時，在府主持中樞紀念國父誕辰暨慶祝中華文化復興節大會。總統府資政楊亮功在會中報告「中國家族制度與倫理思想」，說明中國家族制度、儒家的倫理思想及國父的倫理思想。

十時二十八分，見國父家屬孫治平夫婦、孫治強夫婦及孫滿先生等五人，和他們親切敘談，並詢問他們日常工作與生活情形。

十時四十二分，見蔣秘書長彥士。

十時五十分，接見美國聯邦參議員席姆斯夫婦。

十一時〇五分，接見美中經濟協會執行長莫偉禮。

下午

三時五十二分，在大直寓所見秦主任委員孝儀。

11 月 13 日　星期六

上午

九時十七分，在府見秦主任委員孝儀。

九時四十二分，見汪顧問道淵。

九時五十五分，見空軍總司令郭汝霖。

十時二十五分，接見前美軍顧問團長戚烈拉。

下午

三時五十五分，在大直寓所見沈秘書長昌煥。

五時○二分，見駐印度尼西亞商務代表彭傳樑。

今日各報刊載：總統於今年國慶期間，曾接受法國「費加洛雜誌」總編輯季歐的訪問，此一法國的週刊，已於今日報導了這次訪問的問答全文。

費加洛雜誌訪問問答

一、中共最近向中華民國發動新的「和平攻勢」，其具體建議何在？貴國何以不予置理？

答：中共對我發動和平攻勢的終極目標為孤立及消滅自由中國，把一個自由社會變為共產社會，而其所採手段則隨著情勢的變遷而有所不同。最近中共一再干涉美國售我防禦性武器，對國際女壘比賽在華舉行極盡阻撓破壞之能事，甚至威脅各國不得在華設立辦事處，揭開了中共和平攻勢的假面具，凡此都證明了中共的和平攻勢只是它統戰的花招，企圖以和平的假象，欺騙世人，而實際則想在國際上窒息我們。吾人深盼自由世界國家，認清中共的真面目，不要為其統戰所迷惑。

二、在西方來自中共地區之消息頗為缺乏，且常矛盾，
　　對中共當前情況，諸如：經濟方面（飢荒）、政治
　　方面（信心危機）、社會方面（摒棄共產思想、制
　　度、獨裁統治、集中營等），閣下之了解如何？依
　　據閣下之看法，自毛澤東死後，中共是否在基本上
　　已有改變？

答：在中共統治下的中國大陸，是一個閉鎖的社會，許
　　多「開放」的地區和事物，都是經過中共當局刻意
　　的偽裝，所以外界極難瞭解其真象。

　　根據我們的瞭解，目前中共的困境是全面性的。在
　　經濟方面因為堅持共黨極權式的控制，使得人民工
　　作情緒低落，故缺乏效率，生產衰退。政治方面，
　　因為官僚特權腐化，權力鬥爭激烈，形成人類歷
　　史上最無效率的官僚制度，招致人民對中共喪失信
　　心，而使共黨統治基礎動搖。在社會方面則失業問
　　題、青年問題嚴重，社會風氣敗壞；而經濟與政治
　　的無能，更加深了社會情勢的惡化，必將導致中國
　　大陸持續的混亂。這些問題都是共產制度本身所造
　　成，絕不會因共黨統治者換人而有所改善，過去毛
　　澤東統治時如此，如今鄧小平當權則危機更深。鄧
　　小平表面上偽裝溫和，但其堅持四個原則，亦即堅
　　持其共產黨意識型態和極權，根本上並無改變。

三、中共自被西方國家承認後，與西方國家在「官方」
　　關係上似和平相處，此係真正地相安無事，抑或中
　　共仍支持世界上之反西方顛覆活動？閣下對當前中
　　共與蘇俄間之關係，看法如何？

答：中共是馬列主義的信徒，以赤化自由世界為其最終
　　目標。在東南亞、中南美及非洲等地，經常可以聽
　　到中共所散佈的「反帝」、「反殖」口號，其主要
　　目的就是支持這些地區的反政府及反西方活動。如
　　馬來西亞曾一再要求中共停止支援馬共叛亂，惟中
　　共卻推諉說，支持馬共的是中國共產黨，而非中共
　　政府，此為一例。

　　中共和蘇俄間的關係非常複雜而又微妙，是一種既
　　衝突又合作的關係。雙方在爭取共黨世界領導權的
　　現實利益上存有衝突，故中共不斷高呼反霸鬥爭。
　　但另一方面兩者在共產主義基本上的意識型態相
　　同，都主張世界革命。而且在中東問題、波蘭問
　　題、南部非洲問題、朝鮮半島問題及加勒比海問題
　　上的看法及作法幾乎一致。因此，我們對於中共與
　　蘇俄的關係，不必探討其將來之分合，而應注意兩
　　者對西方自由民主社會的敵意是否有所改變，如果
　　兩者「在本質上」都沒有改變，而且始終相同，則
　　兩者雖然對立，對自由世界並無益處。

四、中華民國在臺灣之成就，全賴實行三民主義所致，
　　請閣下說明何為三民主義？在臺灣之中華民國以拯
　　救大陸、統一中國為既定使命，但鑑於兩者幅員與
　　力量之懸殊，此使命是否真有完成之可能，其方法
　　如何？

答：簡言之，三民主義的精神與內涵與十八世紀貴國
　　革命時期「自由、平等、博愛」之口號，及美國林
　　肯總統所揭櫫「民有、民治、民享」的理想相似，

一面在求中國之自由民主，一面促進世界之和平幸福，符合中國人民的一致願望。最近卅年來共產主義在中國大陸的失敗證明共產主義是不適合於中國的。而我們在自由地區實行三民主義的成果，業已證明了唯有三民主義才是中國全民的希望。基本上中華民族和中國文化的本質否定了共產主義及其制度，今天大陸人民已深切瞭解到中國唯一的道路是摒棄共產思想與制度，而走向民主自由與和平幸福的三民主義。所以推翻大陸上共產暴政的主要力量，將不全賴武力，主要仍賴民心。當然，自由地區的中國人民，對於支援大陸同胞完成此一艱鉅的反共鬥爭，取得最後的勝利，仍當竭力以赴。

五、「新華社」不久前曾宣稱不排除任何使臺灣回歸大陸之方法，此外臺灣海峽上，中華民國與中共之間小規模戰鬥行動並未停止，閣下認為中共會否發動軍事進犯？

答：中共一直希望奪取我金門、馬祖、臺灣、澎湖基地，並已訂入其「憲法」，這是人所皆知的事。中華民國的存在，使大陸人心對自由民主生活的嚮往，對中共是一項絕大威脅，所以中共無時無刻不在想以各種方式來消滅中華民國，這自然包括軍事進攻在內。目前中共自知尚無充分的實力攫取臺灣，因此他便採取所謂「合作態勢」及「和平統一」宣傳，其目的在欺騙自由世界，企圖削弱國際間對我中華民國的支持，同時也在企圖鬆懈我們的民心士氣，為他將來的軍事侵犯鋪路。

六、中華民國不久將擁有核能發電廠四所，貴國三軍擁
　　有原子武器在武力均衡上自將對貴國有利，但貴國
　　將來會否放棄擁有此類武器？

答：我們始終堅持原子能和平用途的原則，以造福於全
　　體國民，長久以來，有關核能運用，即基於此一原
　　則，從未變更。中國人終能用自己的力量擊敗馬
　　列主義與共產暴政，我們已一再聲明決不製造核子
　　武器。

七、美國嘗試一方面加強與中共間之關係，同時並保持
　　與臺灣之關係，閣下認為此種作法是否矛盾？

答：我政府反對美國加強與中共關係之立場已迭次表
　　明，本人不擬贅述。就中美關係而言，我們兩國同
　　係自由經濟與民主政治的國家，亦具有歷史性的傳
　　統盟誼與多方面的合作聯繫，雙方關係之加強非僅
　　符合兩國之共同利益，亦有助於西太平洋地區自由
　　國家之安定繁榮與進步。雷根政府迭次表示將遵照
　　「臺灣關係法」繼續維持並促進與我之各項關係。
　　相信中華民國與美國間之合作互利關係，必能繼續
　　推展。

八、貴國是否與蘇俄有共同之利益？

答：中華民國受國際共黨之陰謀禍害已有數十年，痛苦
　　的經驗至深且巨。中華民國國策堅決反共，與信奉
　　馬列思想而具有「赤化世界」野心之蘇共絕無任何
　　共同利益之可言。

九、中華民國與歐洲共同體之當前關係如何？有何特殊
　　成就？

答：由於地理環境與經濟傳統架構之影響，在引進資
金、原料、設備、尖端科技及爭取國外市場方面，
吾人與美、日之關係較為密切。吾人重視歐洲統合
之成就，正努力於分散市場，擴展與歐洲國家間之
關係，惟歐洲民主國家給予吾人差別待遇，使我國
未能享受與我經濟發展程度相同國家所享受在關稅
與非關稅方面之同等待遇，此不僅有失公允，且違
反自由貿易之平等原則。吾人深知為維護健全之貿
易關係，首需尋求雙方貿易之平衡。為此，我方在
日內瓦「多邊貿易談判」達成協議前，主動實施複
式關稅制度，並使西歐國家享受第二欄之優惠關稅
稅率，同時採取積極措施，先後在華舉辦歐洲產品
展覽，並加強對歐採購，目前西歐已為我對外貿易
之重要地區，彼此間的經貿關係亦在不斷迅速成
長。近年來，歐洲各國銀行來華設立分行或代表辦
事處者仍在繼續增加，同時我國民間之中國國際商
業銀行亦分別在巴黎及倫敦設有辦事處。吾人誠望
彼此共同努力，擴展相互關係。

十、貴國與日本間之貿易入超頗鉅，日本並且減少在華
投資，此對貴國是否有嚴重之影響？歐洲能否取代
日本之地位？

答：中日貿易逆差問題，向為我政府所重視，並多方努
力謀求改善，惟由於諸多因素，近年來我對日貿易
逆差，仍逐年擴大，一九八一年逆差達卅四億五千
萬美元。本年七月間，日本自民黨國際經濟對策特
別調查會會長江崎真澄率團訪華，曾就改善中日兩

國經貿關係事宣坦誠交換意見，已就增加進口我國
產品，排除非關稅障礙及鼓勵日商來華投資等，達
成若干項原則性協議，相信雙方貿易逆差問題可望
改善。

近年來，中華民國與西歐國家問的經貿關係日益密
切。目前我國工業正值轉型階段，亟需引進新的設
備與技術。鑒於歐洲各國產品及工業技術優良，與
我國增進經貿關係之遠景極為樂觀。

11月14日　星期日

下午

四時四十三分，在大直寓所見蔣秘書長彥士。

11月15日　星期一

今日頒發「秉浩然之氣，立千秋大業」書面講詞，勉勵
本年三軍四校應屆畢業生，要培養浩然的革命氣節；強
化堅毅的思想信念；砥礪磅礡的忠貞情操；貫徹復國的
神聖使命；為我們這個時代寫下輝煌的歷史新頁。

下午

三時○四分，至圓山飯店理髮。

三時五十五分，在府見臺北市黨部主任委員關中。

四時三十七分，見郝總長柏村。

五時二十四分，見宋局長楚瑜。

秉浩然之氣，立千秋大業

各位同學：

各位同學在經過了四年的勤學苦練之後，已經完成了文武合一的教育，即將成為國軍優秀忠貞的骨幹，而各位在四年之前，由一個高中畢業生成為一個軍校學生，今天又由一個軍校學生成為一個國軍軍官，這一個轉變，不論是對你們個人，或是對我們國家，都具有重大的意義。因此，經國要向各位以及所有的家長們表示祝賀；同時，也要向辛勞的教職官們致謝。

三軍四校雖然分設各地，但每年必都舉行聯合畢業典禮，這不但象徵了三軍一體、如兄如弟的團隊精神，也表現了聯合作戰行動一致的光榮傳統，希望大家將來在各個崗位服務的時候，永遠記著這個日子，把這種聯合的精神充分的發揮出來，使我們的陸海空軍，成為一個堅強的、團結的、壯大的戰鬥體。

通常畢業的另一意義，是創業的開始。從今天起，各位要去奮鬥開創你們的事業了，所不同的是，你們所開創的，並不是平凡的普通事業，而是救亡圖存、保國衛民的千秋大業。一個青年人要去創造這種非常事業，必須要有非常的修養和非常的抱負才行，因此，經國要在大家畢業的時候，提出幾點意見來作為你們今後在事業上努力的方向。

第一、要培養浩然的革命氣節。任何的革命事業都要靠大無畏的犧牲精神去完成，而這必須以至大至剛的浩然正氣作基礎。我們的革命領袖先總統蔣公曾說：「這正氣所在，就是人生打破生死關頭的不二法門」。

從領袖的訓示裡，不但可體會出浩然之氣對於一個革命者的重要性，而且也可以從我們的歷史中，所有成大功、立大業、名垂千古的英雄豪傑，無不具有浩然之氣得到證明。所以這是一個革命者必須具備的修養。

第二、要強化堅毅的思想信念。一個獻身革命的幹部，一定要有堅毅的思想信念，才能夠奮鬥不懈，完成革命大業，也就是要以三民主義為中心信仰的思想和抱持對反共復國大業、必勝必成的信念，在你們將來的奮鬥歷程上，堅持到底，永不變異。各位在校四年，已經建立起思想信念的良好基礎，希望今後仍然要從工作中去磨練，從艱苦磨練中去吸取力量，讓這種思想信念，更堅毅，更永恆。

第三、要砥礪磅礡的忠貞情操。保持一種忠貞不二的革命情操，人人都秉持著為國家盡忠、為民族盡孝的倫理精神，即使環境再壞，情況再惡，都不會難倒我們，這也是一個革命軍人所必備的修養。領袖蔣公一生從事革命事業，堅苦卓絕，不知道曾有多少非常的情況不斷考驗他，可是，憑著他高超的人格和忠貞的情操，既不為利誘，也不為勢劫，因此創造出救國救民的偉大事業。領袖的革命志節和忠貞情操，正是我們的典範，希望大家能夠在這方面多多體認，多多砥礪。

第四、要貫徹復國的神聖使命。我們的反共大業，我們的復國使命，本質上是要去拯救十萬萬個同胞的生命，挽救五千年歷史文化的免於淪亡，這是一件神聖、莊嚴、具有殉道精神的偉大使命！所以我們擔負反共復國使命的人，在肩頭上可能覺得重了些，累了些，然而

這是光榮的，值得的，因為這是救國家、救民族、救文化的工作，我們一定要貫徹到底，不達目的，決不中止！

親愛的同學們！各位很快的就要投入到國軍的行列裡去，成為國軍的骨幹，成為國軍的新生力量，希望與你們的先期學長們，以及所有的國軍袍澤們，攜手齊步，犧牲奮鬥，秉浩然之氣，立千秋大業，為我們這個時代寫下輝煌的歷史新頁。

祝福大家身體健康，事業成功！謝謝大家！

11 月 16 日　星期二

下午

三時五十六分，在府接見美國聯邦眾議員訪華團沃德利眾議員夫婦、馬丁眾議員夫婦及黎特爾眾議員夫婦等六人。

四時二十三分，見國防部中山科學研究院總顧問黃孝宗。

五時二十分，見孫院長運璿。

11 月 17 日　星期三

上午

八時二十六分，在中央黨部見蔣秘書長彥士。

九時，主持中常會。於聽取國際貿易局局長報告當前對外貿易情勢及作法後表示，民間工商企業界，應與政府通力合作，密切配合，克服國際貿易困難。並希望從政主管同志，特別注意少數廠商仿冒商標的不良行為，應

積極予以嚴查處分，以重國際貿易信譽。又以年關將
近，特提示主管同志，迅作準備協助工商業界，尤其中
小企業者克服困難，以迎接明年的經濟景氣。

十時四十六分，見中央黨部副秘書長陳履安、文工會主
任周應龍及臺灣省黨部主任委員宋時選。

十時五十九分，見馬秘書長紀壯。

十一時十六分，至榮民總醫院體檢。

11 月 18 日　星期四

上午

六時五十五分，在榮民總醫院繼續體檢。

下午

二時三十分，至竹子湖散步後至總統府。

三時四十五分，見謝副總統。

四時二十三分，接見前美軍顧問團團長戚烈拉。

四時五十八分，見蔣秘書長彥士。

五時二十七分，見行政院駐美採購服務團主任溫哈熊。

11 月 19 日　星期五

今日行政院新聞局發布消息，說明總統於本月十七、
十八日兩天在榮民總醫院所作例行身體檢查，顯示一切
功能正常。

下午

三時二十八分，在府見張副秘書長祖詒。

三時五十四分，見司法院黃院長少谷。

四時四十七分，見汪顧問道淵。

五時，見孫院長運璿。

七時，在大直寓所見秦主任委員孝儀。

11 月 20 日　星期六

上午

九時二十分，在府見亞東關係協會駐日代表馬樹禮。

九時五十三分，接見國際獅子會總會長葛蘭德、國際理事嘉悅康人及凱哲哈伯蘭打等三人。

十時十六分，見國策顧問唐君鉑。

十時三十六分，見國防部科技顧問李永炤。

十時五十分，見空軍航空工業發展中心主任華錫鈞。

下午

四時〇七分，在大直寓所見俞總裁國華。

五時三十分，見北美事務協調會駐美代表錢復。

11 月 21 日　星期日

下午

三時五十七分，在大直寓所見沈秘書長昌煥。

11 月 22 日　星期一

下午

三時〇六分，至圓山飯店理髮。

四時，在府見馬秘書長紀壯。

四時二十五分，見經濟部趙部長耀東。

五時二十三分，見國防部宋部長長志。

11月23日　星期二

上午

十時，主持軍事會談。

下午

二時四十七分，赴竹子湖散步後至總統府。

三時五十五分，在府見馬秘書長紀壯。

四時十四分，見金門防衛部司令官許歷農。

四時四十六分，見馬祖防務部司令官趙萬富。

11月24日　星期三

上午

八時二十分，在中央黨部見蔣秘書長彥士。

九時，主持中常會。以今天正值本黨建黨八十八週年紀念日，特發表「總理建黨革命八十八週年紀念日」講話，勉勵全黨同志，要以先烈先進做榜樣，抱持我們一貫的革命精神，踔厲發揚，成於主義，貫徹總理、總裁所昭示的革命民主的時代使命。主席在會中，曾對「憂患意識」的意義有所闡釋，提醒全黨同志和全國同胞，「憂」不是憂愁憂慮，「患」不是患得患失，而是要在精神和行動上，臥薪嘗膽，枕戈待旦。

「總理建黨革命八十八週年紀念日」講話

各位同志：

今天，是十一月二十四日，正就是本黨建黨革命八十八週年紀念日，剛好逢到星期三，大家聚首一堂，參加第十二屆中央委員會常務委員會第八十四次會議。我們緬懷總理總裁和先烈先進致力國民革命、捍衛國家民族、堅苦卓絕、百折不回的光榮歷史——每一頁、每一行，就無不是本黨志士仁人「只見一義，不見生死」，以自己的鮮血和心血寫出來的。

在八十八年之前總理建黨的這一年，也就是腐敗的清廷由於甲午戰爭敗於日本的那一年，結果被強迫割讓臺灣、澎湖。當總理在檀香山邀集二十幾位同志肅立一堂，敬謹宣誓「驅除韃虜、恢復中國、創立合眾政府」的十一月二十四日，正是日人攻陷旅順、肆行屠殺的第四天，當時全城只有三十六個人留住性命。我們總理就是受到甲午戰爭的刺激，而邁出了這國民革命的第一步，創立了第一個革命組織，所以他在興中會成立宣言中要大聲疾呼「亟拯斯民於水火，切扶大廈之將傾！」

八十八年以來，中國國民黨的命運，一直與中華民國的國運，密不可分，並以國家和民族的成敗禍福為己任；所以本黨是革命開國的先驅；也是完成北伐、統一全國的樞紐，更是堅持民族大義、爭取對日戰爭勝利，使臺灣、澎湖重歸祖國懷抱的主導力量；特別是首先進行清黨，反對共產邪惡，力爭全民自由，最早、最力、最澈底的精神標竿。

本黨之所以歷經八十八年，更能日新又新、愈挫愈

奮的道理，是因為我們得自總理總裁先烈先進的四大革
命精神：

第一、是大公無私的精神——因為無私無我，用能至大
　　　至剛，大家所關心的是主義的成敗，而並不是
　　　個人的得失；

第二、是誠摯純潔的精神——唯至誠可以破天下之偽
　　　妄，唯大義足以見人心之所同然，所以說千虛
　　　不敵一實；

第三、是犧牲奉獻的精神——以服務為目的，以奉獻為
　　　參與，並認定只有為革命而犧牲，才是幸福：

第四、是不斷革新的精神——本黨每完成一次革命任務
　　　之後，就必定有一次改造革新，因之，才能不
　　　斷擴大志士仁人的陣容，再一次擔當並達成新
　　　的歷史使命。

　　我們深信：人類決不可能長期容忍共產主義恐怖鬥
爭的奴役宰割，共產匪黨那個暴虐罪惡集團，也終必會
被人心人性所消滅。古人以三十年為一世，單是這三十
年來在大陸共產制度之下成長的一代，無論以往的所
謂「成份」是「紅」的、「專」的，或是既「紅」又
「專」的青年，今天都對共產黨絕望、厭棄，他們只要
一有機會，就不惜甘冒萬死以至奪機奪車奔向自由，要
不就是在各階層、各場合，用各種手段，對共匪進行抗
拒、衝擊，原因何在呢？答案十分明顯：那就是本黨在
臺、澎、金、馬實行三民主義所建設的安和均富社會的
輝煌成果，已經粉碎了共匪一切統戰陰謀，普遍點燃了
大陸同胞心裡無限嚮往的火炬。今天，以三民主義統一

中國，而不是再讓共產主義繼續奴役中國，已成為海峽
兩岸中國人的共同願望，這是擺在大家眼前無可置疑的
事實。

總理說過：「人心就是立國的大根本，辛亥年滿清
之所以亡，是亡於他們失去了這個根本；民國之所以
成，就是成於我們得到了這個根本。」總裁在「建黨
八十週年紀念詞」中更闡明：「開國以來，任何一次戰
役的成功，就都是成於主義──亦即成於心理建設之踔
厲發揚。」

八十多年以來，本黨一貫的奮鬥目標，就是在「丞
拯斯民於水火，切扶大廈之將傾」，又進而建設三民主
義的新中國。當前，是我們任務最艱鉅的時刻，同時我
們也面臨著最光明的前景。只要全黨同志，大家拿先烈
先進做榜樣，抱持我們一貫的革命精神，用我們得到的
人心的大根本，來以至仁伐至不仁，就必能踔厲發揚，
成於主義，貫徹總理總裁所昭示的革命民主的時代使
命。

11 月 25 日至 28 日　星期四至日
【無記載】

11 月 29 日　星期一
下午
四時五十五分，在大直寓所見秦主任委員孝儀。

11 月 30 日　星期二

上午

十時三十五分，至圓山飯店理髮。

十一時二十七分，在府見宋部長長志。

下午

四時，在大直寓所見沈秘書長昌煥。

八時十六分，見宋局長楚瑜。

12月1日　星期三

上午

八時三十分，在中央黨部見蔣秘書長彥士。

九時，主持中常會。

九時四十九分，見嚴常委家淦。

十時十四分，見倪院長文亞。

十時三十八分，見高雄市市長許水德。

十時四十八分，見秦主任委員孝儀。

十一時十四分，見蔣秘書長彥士。

下午

三時十七分，自大直寓所至竹子湖散步，然後至總統府。

四時三十分，見馬秘書長紀壯。

四時五十分，集體見馬秘書長紀壯、馬參軍長安瀾、張副秘書長祖詒及本府第一局劉局長塏、馬副局長英九、第二局孟局長憲庭、第三局陳局長履元、朱副局長季昌。

12月2日　星期四

下午

三時五十五分，在府接見遠東經濟評論地區編輯金肯士，並答覆其所提出之問題。

四時十二分，接見賴索托王國總理約拿旦、外交暨新聞部部長莫拉博及總理府秘書長馬迭迭等三人。

四時三十七分，分批見軍方調職人員空軍中將陽雲鋼等

三十七人。

12月3日　星期五
下午

三時十七分，在府見郝總長柏村。

四時，見旅美學人丘應楠。（應中央研究院之邀，返國講學三個月。）

四時十六分，見臺北市市長楊金欉。

四時五十四分，接見美僑商會會長蒲皆德、前任會長派克、第一副會長華爾德及執行長皮巴迪等四人。

五時十六分，見駐西德代表沈錡。

12月4日　星期六
上午

九時，在府見馬秘書長紀壯、沈秘書長昌煥及蔣秘書長彥士。

九時四十分，見陸軍總司令蔣仲苓。

十時十二分，見海軍總司令鄒堅。

十時三十五分，見空軍總司令郭汝霖。

十時五十五分，見余南庚博士。

十一時二十四分，見馬秘書長紀壯。

下午

三時五十六分，在大直寓所見俞總裁國華。

五時十分，見北美事務協調會駐美代表錢復。

七時四十三分，見蔣秘書長彥士。

12 月 5 日　星期日
下午

三時五十分，在大直寓所見孫院長運璿。

五時〇八分，見馬秘書長紀壯。

12 月 6 日　星期一
【無記載】

12 月 7 日　星期二
下午

三時四十三分，至圓山飯店理髮。

四時二十七分，在府見馬秘書長紀壯。

12 月 8 日　星期三
上午

八時三十二分，在中央黨部見蔣秘書長彥士。

九時，主持中常會。

九時四十一分，見嚴常委家淦。

九時五十一分，見臺灣省政府主席李登輝。

十時十五分，見宋部長長志。

十時十九分，見秦主任委員孝儀。

十時三十二分，見馬秘書長紀壯。

十時四十分，見蔣秘書長彥士。

12 月 9 日　星期四
【無記載】

12月10日　星期五

下午

四時二十二分，在府見郝總長柏村。

四時五十六分，見外交部朱部長撫松。

五時二十三分，見馬秘書長紀壯。

12月11日　星期六

下午

三時五十七分，在大直寓所見俞總裁國華。

五時〇五分，見蔣秘書長彥士。

12月12日　星期日

下午

四時〇一分，在大直寓所見沈秘書長昌煥。

五時三十八分，見秦主任委員孝儀。

12月13日　星期一

上午

十時三十七分，至圓山飯店理髮。

十一時二十三分，在府見馬秘書長紀壯。

下午

四時二十分，在府見張副秘書長祖詒。

五時，見汪顧問道淵。

12 月 14 日　星期二

上午

九時二十一分，在府接見哥斯大黎加共和國第一副總統
費特暨外交部次長彼德斯。

十時〇四分，主持軍事會談。

12 月 15 日　星期三

上午

八時三十一分，在中央黨部見蔣秘書長彥士。

八時五十六分，主持中常會。希望黨員同志及國人了解
共匪和談統戰陰謀，堅持立場，絕不與共匪妥協談判。
並談到中央日報十四日所刊專欄「西藏淪陷三部曲」，
提示幹部同志，從文中可以看出達賴喇嘛當年未能深切
了解共匪的統戰陰謀，以致造成今日西藏悲慘的局面。
此外還提出十三日中央日報另一篇專欄「美國保守主義
對自由主義的再檢驗」，希望幹部同志注意閱讀。

十時〇九分，見孫院長運璿。

十時二十三分，見高雄市議會議長陳田錨。

十時三十二分，見陳副秘書長履安、文工會周主任應龍
及臺灣省黨部宋主任委員時選。

下午

六時十六分，在大直寓所見秦主任委員孝儀。

12 月 16 日　星期四

今日報載：總統於日前接見來華訪問的「遠東經濟評

論」地區編輯金肯士，答覆其所提出之問題，並就當前
各方所關切的事項加以劃切說明。在這項談話中，總統
對中華民國未來的發展以及中美關係的前途，抱持堅定
的信心與理智的樂觀。認為我政府未來難免會遭遇若干
困難，但沒有解決不了的問題。

下午

二時五十五分，至黃杰上將寓所，道賀其生日。

三時十六分，在府見秦主任委員孝儀。

三時五十二分，見國策顧問何世禮及其公子何宏毅。

四時二十分，見財政部長徐立德。

四時四十五分，見郝總長柏村。

五時十五分，見馬秘書長紀壯。

答覆「遠東經濟評論」地區編輯金肯士
提出之問題

一、中共領導人士曾數度表示他們尋求和平統一中國，
　　並保證允許臺灣維持其現有之社會、經濟及政治制
　　度；而貴國政府則表示，唯有共產政權在中國大陸
　　消失之時，中國才有統一的可能。這給某些人在統
　　一問題上，以中共具有彈性而臺灣卻是強硬不妥協
　　的印象。請問這是公平的批評嗎？期望在大陸的中
　　國人放棄他們的意識型態做為談判的先決條件，是
　　合理的嗎？

答：中共的和談空氣，一向是企圖淆亂視聽的宣傳伎
　　倆，如去年葉劍英提出了所謂九點和談建議之後，

實際上一年來許多共酋已經一再表明對於臺灣絕不放棄使用武力，就是一個鮮明的例證，可見中共的和平姿態只不過是欺騙的新瓶舊酒而已。事實上中共一再宣稱四個堅持，一定要維持其以馬列主義為宗的共產極權專政，才是真正沒有彈性、僵硬而不妥協。相反地，中華民國政府不僅亟望中國統一，並且正積極致力於達成中國統一。我們深知絕大多數大陸中國同胞根本並未接受共產主義的意識型態，他們厭惡共產主義的制度，從最近大陸民主思潮澎湃和中共人員不斷奔向自由的許多事例，足為大陸的中國人唾棄共產主義的明證。因之，我們為順應全民的願望，決心貫徹以三民主義統一中國。事實勝於雄辯，三民主義在臺灣復興基地的建設成果已經是有目共睹，它是所有中國人民希望之所寄，也正是大陸同胞翹望分享自由民主與繁榮的生活方式的保證。

二、假如一九七九年中美斷交，使得臺灣的利益蒙受挫折，則不久之後所通過的臺灣關係法，似已彌補大部份的損害。同樣地，今年八月十七日「聯合公報」對臺灣造成負面衝擊，亦因雷根總統事後的保證而獲得補償。華府正在逐漸採用此種兩面討好的模式，閣下預期此一模式能持續多久？

答：中美斷交以及「八一七美匪聯合公報」，當然對中華民國造成了很大的損害，同時也使美國的國際信譽受到相當損傷。而中華民國受到損害，會直接影響到整個亞太地區的安定與繁榮，這不僅非為亞

太地區的所有國家所願見，對於作為太平洋國家之
一的美國而言，也是極為不利的。由此可見美國與
中華民國的利害，實在是一致的。所以我們一向認
為，中美關係的加強，符合雙方共同利益，也符合
整個亞太地區的利益；我們也相信，居自由世界領
導地位的美國，絕不會也不應向中共無理的勒索或
要脅屈服。因之，我們對於美國政府加強執行「臺
灣關係法」，深具信心。我們尤其欽佩雷根總統是
一位有遠見、有原則、有擔當的美國政治家的典
型，鑒於他對國際共黨的透徹瞭解，和他對世界局
勢的高瞻遠矚，我們更有理由對中美關係的前景抱
持樂觀。

三、閣下是否認為中共最後收回香港後，對香港人的
生活方式，不致發生重大改變？是則中共之收回香
港，是否可作為中共最終「統一」臺灣之模式？

答：中共政權和其他奉行共黨主義者一樣，其終極目
標為赤化全世界，不可能允許另一種制度的長期存
在，因此中共政權對於在其力量所及以外地區所作
維持自由制度的任何保證，都是在其達到終極目的
之前的一種手段，我們只要看看生活在香港地區的
中國人，他們絕大多數是為了逃避中共政權的共產
暴政，而冒了生命的危險投奔自由的。從最近中共
「收回主權」的表示，引起香港人心的浮動以及資
金外流的趨勢來看，我相信他們比其他許多在自由
地區的人士更能深切瞭解：在共產制度之下，不可
能享有自由與繁榮。

四、閣下是否認為中共和蘇俄趨向和解之態勢，對臺灣
　　構成潛在之威脅？中共與蘇俄雙方共同削減其邊
　　界駐軍，是否可能為其在臺灣海峽對岸增加軍力
　　鋪路？

答：首先本人必須指出，即使中共未與蘇共修好之前，
　　中共在大陸東南地區的龐大軍事佈署，就已對中華
　　民國的臺澎金馬構成安全上相當大的威脅。匪俄的
　　修好，自有促使中共在臺海冒險之可能。此外，我
　　必須再次的強調，匪俄之間對某些問題雖有歧見，
　　但中蘇兩共基於其基本意識型態所產生的世界觀是
　　一致的。換言之，他們在世界各地製造矛盾、散播
　　共產毒素、培育共產革命溫床，企圖推翻自由民主
　　體制的最終目標是相同的。若干自由民主國家不察
　　於此，而寄望於藉「聯匪制俄」的戰略，以求苟安
　　於一時，吾人不能不有所警惕。最近匪俄間再度擺
　　出修好的姿態，再度證實了「聯匪制俄」之不可
　　靠。匪俄這種分分合合的政治策略之運用，其主
　　要目的也就是在增加其向西方國家進行政治敲詐
　　的本錢。

12 月 17 日　星期五

下午

三時四十分，在府見張副秘書長祖詒。

五時〇二分，見蔣秘書長彥士。

12 月 18 日　星期六
下午

四時，在大直寓所見秦主任委員孝儀。

12 月 19 日　星期日
下午

四時，在大直寓所見秦主任委員孝儀。

四時五十二分，見孫院長運璿。

12 月 20 日　星期一
下午

五時十二分，至榮民總醫院眼科作檢查。

12 月 21 日　星期二
上午

八時四十五分，至圓山飯店理髮。

十時，多明尼加共和國駐華大使杜魯克到府晉見總統，
呈遞到任國書。

十時十八分，見余南庚博士。

12 月 22 日　星期三
上午

八時三十一分，在中央黨部見蔣秘書長彥士。

八時五十二分，主持中常會。

十時〇二分，見梁主任孝煌。

12 月 23 日　星期四

下午

四時四十分，在大直寓所見沈秘書長昌煥。

12 月 24 日　星期五

下午

二時三十五分，至圓山飯店理髮。

三時三十分，在府見郝總長柏村。

四時十九分，見新任駐沙烏地阿拉伯王國大使蔡維屏。

五時，見國家安全局汪局長敬煦。

12 月 25 日　星期六

今日為中華民國行憲三十五週年紀念日，特發表談話，
期勉國人以反共鬥士為自勉，為中國開創一個充滿希望
與光明的前景而努力；更要堅信，以我們的毅力，必可
戰勝敵人，完成復國建國大業。

上午

十時，在中山堂主持慶祝行憲紀念大會、國民大會憲政
研討委員會第十七次全體委員會議及第一屆國民大會代
表七十一年度年會的聯合開會典禮，並致詞強調憲法是
我們民族和國家的命根，不能讓任何人來動搖損害。我
們以這部憲法建立了復興基地，也要以這部憲法作為復
國的基礎。在我們今天的環境下，要民主就必須反共，
要自由就必須守法。只要大家一心一德，和衷共濟、精
誠團結、發奮圖強，就一定能克服一切困難，完成我們

的反共復國的任務。

下午

四時二十五分，在大直寓所見蔣秘書長彥士。

五時十六分，見海軍總司令鄒堅。

七十一年行憲紀念大會談話

各位代表先生：

今天是中華民國行憲紀念日，國民大會憲政研討委員會的全體委員會議和國民大會代表的年會，每年必與紀念會同時舉行，其意義不僅在於熱烈慶祝這一歷史性的日子，更重要的是我們堅守三民主義憲政決心的永恆宣示。

行憲紀念日在中華民國的建國歷程上，實和開國紀念日相互輝映，它為我們國家發展樹立了一個新的里程碑，也代表了國父建國理想的實踐。雖然行憲以來，國家處境艱危，不斷受到各種衝擊，尤以共匪全面叛亂，陷大陸於空前浩劫；但由於三民主義憲政方針的正確，先總統蔣公的英明領導，和全體軍民同胞的團結合作，堅忍奮鬥，我們終於能在重重危難中，給中國怎樣走上安定、進步與繁榮的大道，塑造了可行可信可久的模式，也給中國人帶來了光明前途的希望。在這個充滿挑戰而又充滿鼓舞的偉大時代，各位代表先生均能共體時艱，對於憲政體制的運作，力求適應非常情勢的實際需要，策進國家的安全、政治的安定、社會經濟的發展，這種同舟共濟的精神，就是反共必勝的保證。民國七十

年代必將是三民主義統一中國的年代，為了貫徹這一時代使命，經國願意提出我們當前應有的幾點共同認識。

一、唯有剷除中共邪惡勢力，才能實現中國的自由民主與確保亞洲的安全和平。

共匪竊據大陸以來，師承馬列邪說，對內奴役人民，摧殘中華文化，行其極權暴政，造成中國社會未之前有的黑暗時期；對外輸出暴力革命，擴張共產勢力，以妄圖赤化世界的野心，破壞國際正義和平。在此世局多變之際，我們亟應指出者，不管共匪如何粉飾其偽「憲法」，裝出溫和改革的假象，實質上它對內絕對不會改變以馬列主義為宗的「無產階級專政」，對外也絕對不會放棄共產主義世界革命的狂想。它既不可能出現進步的民主政體，也決不可能真正變成自由世界的朋友，任何民主國家與共匪之間，永遠沒有穩定可靠的真正平行利益。

根本上，中國問題要靠中國人自己來解決，唯有中國人民起而推翻共匪統治，重建民主化、自由化、中國化的中國，統一於三民主義制度之下，中國才能成為維護亞洲與世界安全和平的干城。因此，我們必須繼續努力，堅強奮鬥，無論國際形勢如何困難，都不能動搖我們的決心，阻止我們前進。

二、三民主義必然統一中國。

從歷史的、文化的和民生的觀點來看，一部人類文明發展的歷史，不但是人類生活的整個過程，刻畫出文化形成與民生演進的腳步，而實際上更就是人性不斷戰勝獸性、理性不斷戰勝暴力的紀錄。

　　歷史上的暴政，儘管無不武力龐大，亦無不對人民實行殘酷的控制，且亦無不使文化失去光彩，棄民生於痛苦的深淵。因之，歷史上所有的暴政，都被人民一個一個的推翻了。

　　今天大陸上匪偽政權，三十多年的種種倒行逆施，禍國殃民，使整個中國大陸成為人間地獄，給人類歷史文化添上最恐怖的一章。不過如今已經再沒有人相信共匪編織的謊言神話，中共暴政也必然難逃歷史法則的軌跡，迅速歸於瓦解。而接續這個中國歷史巨鍊的，必然仍是中興鼎盛的三民主義憲政，因為三民主義承襲了中華文化的道統，所代表的是人性與理性，而共產主義強調仇恨鬥爭，所代表的是獸性與暴力。毫無疑問，這一場鬥爭的最後結局，三民主義必然完全勝利，共產暴政必然澈底失敗。

　　三民主義的必然統一中國，建築在這個歷史規律之上，已由海峽兩岸民生進步與落後的強烈對比，作了最好的註釋。

　　三、統一中國必以復興基地的團結自強為前提。

　　中國的希望在臺灣，是當前所有中國人的共同心聲。中國的統一，要以復興基地三民主義建設為藍圖，也為全體中國人所共認。因之我們臺、澎、金、馬全體軍民同胞，必須深深體會這項使命感的重大，緊緊的團結自強，鞏固三民主義憲政，密切結合海外三千萬盼望效力祖國的僑胞，運用各種途徑方式，全力支援渴望自由民主的大陸同胞，一致奮起反共抗暴，推翻歷史上最暴虐的匪偽政權。

　　國父與先總統蔣公都昭示我們：國家存在的根本，乃在於其國民具有不屈不撓的奮鬥精神；唯自立乃有以自存，唯自助始可得人助。所以大家只要摒棄一切苟安、徼倖、依賴的心理，排除與匪「和談」以及「臺獨」忘本的錯覺謬想，不憂、不惑、不懼，勇往直前，則任何困難危險，都可以克服，任何使命，必定能夠達成。

　　今天我們正面臨時代轉變的重要關鍵，人人要以熾熱的反共鬥士自勉，為中國開創一個充滿希望與光明的前景而努力；更要堅信依我們的毅力，一定可以戰勝敵人，復國建國大業一定可以由我們手裡完成。

　　民國五十五年二月一日先總統蔣公在國民大會臨時會開會致詞，對於各位代表先生的責任與急務，曾有三項提示：

第一、就是要領導全國軍民，並督導政府，以反共復國、消滅共匪、拯救同胞為首要的責任；

第二、是要共同負責，雪恥復國，事事要和衷共濟，以面對敵人──共匪──為唯一要務，而不可為敵人乘機滲透的慣技所利用，以免重蹈當年大陸悲劇之覆轍；

第三、要鞏固反共基地的安全，使復國大業不受到任何牽制和紛擾。

　　事實上，這不僅是各位的責任與急務，同樣是政府、海內外同胞所應努力以赴的共同任務，希望國人共勉力行，爭取三民主義統一中國的成功。

　　敬祝大會成功，諸位健康、愉快！

12月26日至28日　星期日至二
【無記載】

12月29日　星期三
下午

三時四十四分，在府見蔣秘書長彥士。

四時二十一分，接見美國華盛頓時報記者尼蘭，並答復其所提出之問題。

四時四十八分，見反共義士現已成為空軍軍官的吳榮根少校，並勉勵他充實學能，做一個優秀的國軍軍官。

四時五十八分，見郝總長柏村、空軍郭總司令汝霖。

五時〇六分，見馬秘書長紀壯。

12月30日　星期四
下午

三時五十四分，在大直寓所見俞總裁國華。

12月31日　星期五
上午

十時三十八分，至圓山飯店理髮。

下午

三時五十七分，在大直寓所見孫院長運璿。

中華民國 72 年（1983 年）

1月1日　星期六

今天發表中華民國七十二年元旦祝詞，勉勵國人堅定反共必勝、復國必成的信心，發揮負責盡職的精神，敞開和諧合作的胸懷，深植自立自強和自信的觀念。身體力行，精進不已，必可早日完成先總統蔣公的遺訓——光復大陸國土。

上午

九時三十八分，在府見馬秘書長紀壯。

十時，在府內大禮堂，主持中華民國七十二年開國紀念典禮暨元旦團拜，並致詞勉勵國人，要自強不息、風雨同舟、奮發圖強、全面革新，向反共復國的標竿，勇往邁進。

十時二十二分，見北美事務協調委員會駐美代表錢復。

十時三十八分，見沈秘書長昌煥。

下午

四時〇五分，在大直寓所見新聞局宋局長楚瑜。

四時四十八分，見秦主任委員孝儀。

元旦祝詞

親愛的父老兄弟姊妹們：

國父立承先啟後救國救民的大志，締造中華民國，並手創三民主義為我建國的基礎，目的不僅在求中國的

自由平等，成為富強康樂的國家，更期天下為公的大道，弘揚於世界，開萬世的太平。

今天是中華民國七十二年的元旦，我們在此慶祝開國紀念，回顧史蹟激烈豪壯，人人都當砥志礪節、繼往開來，奮起實踐國父遺教，心念大陸，放眼四方，力爭千秋！

盱衡當前世局，動盪多變依舊。但最為吾人所關心而密切注意的，則是共黨控制下的我們大陸愈變愈窮、愈窮愈亂，以致億萬同胞的苦難也愈陷愈深。所幸如今大陸同胞都已普遍覺醒，看清了共產主義已經走到了死巷的盡頭，民主自由的思潮和反共抗暴的巨浪正是洶湧澎湃，而全球中國人的「三民主義統一中國」偉大運動亦正擴大展開，充分表現出海內外中國人民族愛、同胞愛的熾熱情懷，我們對此情勢不但深深感動，必須要盡我們的心，盡我們的力，以我們的赤忱來共同奮鬥；同時更為了要完成建設復興基地和重光大陸的雙重神聖使命，願在此際向大家鄭重宣告：

中共暴虐政權必須推翻，馬列主義在中國土地上的流毒必須肅清。

中國必須統一，依據中華民國憲法建構的憲政體制必須永遠確立於全國，國家的主權屬於國民全體。

我們的基本國策現在和將來都是：

——堅決保衛國家獨立安全。

——積極維護國際正義和平。

——發展國民經濟，力謀國計民生的均足。

——全面促進社會福利，保障農工權益。

──國民接受教育的機會，一律平等。

我們決心以重建民有、民治、民享的民主共和國為三民主義統一中國的根本目標。

我們要把這宣告和決心，呼喚大陸上的同胞們，三十多年受盡了共黨的欺騙和折磨，喪失了一切人性的尊嚴和人身的自由，現在該是真正要和共黨拼鬥的時候了。我們深知，世界上任何共黨政權，一樣都是殘酷的壓榨者，永不可能容許人民享有無憂無懼的生活。因之我們念茲存茲、時刻不忘的，就是儘快要使中國大地重霑春的氣息，讓億萬同胞重獲生的活力。過去同樣三十多年中，我們在復興基地實踐三民主義建設，目的不是僅僅為了要給一種制度做個證驗，而是要為重光大陸，給同樣的中國人能和我們同樣過著自由、安和的日子。尤其最近看到許多科學家、文學家、工程師、音樂家、飛行員、運動員等知識分子，不惜冒著個人犧牲生命和家屬遭受迫害的危險，紛紛以文字和行動反抗暴政或奔向自由，強烈顯示大陸同胞厭惡共黨已到忍無可忍的地步，更使我們感到共黨破產的日子愈來愈近，而我們的責任和時機也愈來愈迫切和緊要了。

親愛的父老兄弟姊妹們，我們大家都正以最熱烈的期盼來迎接這民國七十年代即是三民主義勝利的年代、大陸重見青天白日的年代。不過，大家也都知道，黎明來臨之前，還要衝破一段短時的黑夜，亦就是我們一定要有最好的準備來邁過最後一段艱險的路程。我們大家身上都承擔著這一時代的重責大任，時代也正在考驗我們，因之，今天我們必須先要確立幾項共同的意識和做

法：

　　堅定反共必勝，復國必成的信念。證諸共產制度禍害中國的痛苦事實，三民主義建設的已有成果，我們更當加強必勝必成的信念。

　　發揮負責盡職的精神。也就是無論政府與民眾都要以不辭勞怨的態度，來對國家民族負責，對歷史使命負責，貫徹共同的目標。

　　敞開和諧合作的胸懷。大家捐棄私見，確認唯有和諧互助才能導致安全進步，團結合作才能產生整體力量。

　　深植自立自強和自信的觀念。一切盡其在我、操之在我，方可做到不求不倚、自助人助，任何艱難情勢，要在自己奮鬥中打開出路。

　　以上各點，都是先總統蔣公經常勉勵我們的提示，只要我們海內外同胞大家切實身體力行，精進不已，必可早日完成蔣公遺訓──光復大陸國土！

　　在此舉國歡欣共賀新年的時刻，讓我們同祝國運昌隆，並齊聲高呼：

　　三民主義萬歲！中華民國萬歲！

1月2日　星期日

下午

四時五十五分，在大直寓所見蔣秘書長彥士。

1 月 3 日　星期一

下午

四時，在大直寓所見郝總長柏村。

1 月 4 日　星期二

【無記載】

1 月 5 日　星期三

上午

八時三十六分，在中央黨部見蔣秘書長彥士。

九時，主持中常會。曾向與會的中常委及列席人員拜年，祝福大家「新年愉快、身體健康」。

十時十七分，見孫院長運璿及宋部長長志。

十時四十三分，見外交部次長丁懋時。

十時五十一分，見國民大會秘書長何宜武。

十時五十八分，見秦主任委員孝儀。

十一時，至顧一級上將祝同寓所祝賀其生日。

1 月 6 日　星期四

今日各報刊載：在美國首都發行的「華盛頓時報」昨天在第一版刊出記者尼蘭月前訪問總統的專文報導，以及總統答覆尼爾所提問題的全文。總統在接受訪問時，曾向該記者指出：中華民國目前努力的重點，是向大陸同胞傳播孫中山先生民有、民治、民享的理想，以建立自由民主的共識，奠定國家統一的基礎。

下午

四時十五分，在府見馬秘書長紀壯。

四時三十七分，見汪顧問道淵。

五時，見張副秘書長祖詒。

蔣經國總統答覆尼蘭所提問題

一、請問閣下對所謂「上海二號公報」後之中美關係看
　　法如何？

答：美匪間發表所謂「八一七聯合公報」誠屬遺憾。
　　此一公報不但對中華民國構成極大的傷害，對美國
　　的國際信譽也有相當的影響。但我們也注意到：雷
　　根總統在公報發表之同時對我國提出了若干保證；
　　美國行政當局亦迭次表示，中美關係仍須遵照「臺
　　灣關係法」來處理。甚望美國政府確實能夠本此精
　　神，在平等互惠基礎上，處理中美間各項共同之問
　　題，則中美間之實質關係必能在穩定中日益加強。

二、上海二號公報會使中華民國暴露在中共日增的攻擊
　　威脅之下嗎？

答：東北亞地區的和平與安全有賴於中華民國維持足夠
　　的自衛能力與政治上的安定。任何限制中華民國防
　　衛武器質與量的作法，不但不能帶來和平，還可能
　　鼓勵中共的軍事冒險。

三、貴國及閣下曾對雷根先生當選美國總統表示歡迎
　　之忱，請問閣下是否對雷根政府之亞洲政策感到失
　　望？抑或持肯定態度？

答：本人一向對雷根總統甚為推崇，認為他是一位富

1983 年 1 月

有理想、堅持原則的政治領袖。基於他本人對中華
民國政府及人民的誠摯友誼,對國際共產主義本質
的深刻體認與反共的決心,以及他對世局的高瞻遠
矚,本人相信他將執行一個符合中美雙方利益的對
華政策。

四、中華民國確定的國家目標是統一或光復大陸。請問
如何可達成此目標?共產黨的「統一建議」值得談
判嗎?

答:光復大陸並非要靠軍事手段才能實現,這完全是
一個政治問題。中共正在政治、經濟,尤其是軍事
方面遭遇各種困難,鄧小平本人目前即無法控制軍
方。而「三信」危機,正在大陸上各個角落普遍蔓
延,這將是促使大陸上的共產制度提早崩潰的前
兆。因此,我們將運用各種方式向中國大陸傳播孫
中山先生民有、民治、民享的政治理想,喚起中共
黨、政、軍以及全體大陸同胞爭取自由民主的共
識,如此,光復大陸的任務屆時即可水到渠成。
今天中共仍然堅持,以共產制度及其意識型態與生
活方式強加於大陸人民,連中共幹部都無法接受,
並且以投奔自由的方式唾棄中共,在這種情形下,
我們怎能將臺澎金馬的自由人民送入中共魔掌之
下?因之,中共要我們和他們進行「和談統一」,
顯然是一項企圖供吞臺澎金馬的統戰謀略,我們
絕不上當。

五、貴國進行光復大陸的時間如何?貴國下一代的領導
者對此任務是否會較不熱心,而對如何與北平政權

相共處更加有興趣，請問有此危險嗎？

答：本人前已說明，目前中共政權危機重重，大規模反
共抗暴可能在一夜之間發生，屆時即為我光復大陸
的時機。而中共領導者更深知，只要有中華民國政
府的存在，中國大陸人民對自由民主的嚮往即有繼
續增加無法遏制的危險，因此他們千方百計，運用
和平統戰的煙幕以及各種陰謀手段，企圖來瓦解我
民心士氣，進而以武力侵犯併吞自由復興基地的臺
灣。我年輕一代早已體認到：唯有消滅大陸共產政
權，中華民國現有的自由民主生活方式才得以繼續
保存。因此我復興基地全體同胞，對於支援大陸同
胞推翻共產暴政，以共同實現中國大陸的自由、民
主化，皆有徹底的共識。

六、未來中美經濟關係展望如何？美國仍會是貴國軍事
裝備的主要供應國嗎？

答：美國與我國經濟關係一向極為密切，美國不但是我
國最大貿易伙伴，也是我國最大投資國家，而我國
也是美國第八大貿易對手國。基於兩國傳統的經濟
關係與既有的良好基礎，加上兩國人民的深厚友誼
以及共同努力，展望中美兩國未來經濟關係將是美
好的遠景。

為了我們人民的自由與安全，為了國家長遠目標的
得以實現，我們必須盡一切可能獲取防禦所必須的
武器，美國仍將是我們主要的武器來源。

七、曾經有人引述閣下有關貴國有能力製造核子武器的
談話，請問閣下在何種情形下，才會考慮發展或使

用核子武器？

答：我們已明白表示，基於下述兩個理由，我們不會
　　製造核子彈：第一，製造核子彈的目的是針對假想
　　敵。就我們的情況而言，我們不能製造核子彈來對
　　付我們在中國大陸上的同胞。第二點理由是，我們
　　贊成禁止核子擴散，因為我們認為美國所採取的禁
　　止核子擴散的政策非常正確。核子擴散的結果並不
　　符合人類的利益。

1 月 7 日　星期五
下午

三時二十六分，在大直寓所見沈秘書長昌煥。

1 月 8 日　星期六
下午

四時四十七分，在大直寓所見秦主任委員孝儀。

1 月 9 日　星期日
下午

三時五十九分，在大直寓所見孫院長運璿。

五時三十一分，見蔣秘書長彥士。

1 月 10 日　星期一
上午

十時二十五分，至圓山飯店理髮。

十一時二十五分，在府見沈秘書長昌煥。

1月11日　星期二

上午

九時二十四分，在府見郝總長柏村。

九時三十四分，見馬秘書長紀壯。

九時五十四分，主持軍事會談，期勉國軍將士，做好萬全準備，接受挑戰，克服困難，完成勝匪滅匪革命任務。

十時五十七分，見輔導會鄭主任委員為元。

下午

四時二十六分，在大直寓所見俞總裁國華。

1月12日　星期三

上午

八時二十七分，在中央黨部見蔣秘書長彥士。

八時五十二分，主持中常會。

九時五十七分，見臺灣省政府主席李登輝。

十時十五分，見臺灣省黨部主任委員宋時選。

十時三十三分，見中央政策會副秘書長梁肅戎。

十時四十九分，見馬秘書長紀壯。

十時五十四分，見宋局長楚瑜。

下午

三時四十五分，在大直寓所接見美國在臺協會臺北辦事處主任李潔明。

1月13日　星期四
下午

三時四十五分，在大直寓所見美國在臺協會臺北辦事處
主任李潔明。

四時三十四分，至總統府。

四時四十分，在府見沈秘書長昌煥。

1月14日　星期五
下午

三時三十七分，至關渡大橋散步，然後至總統府。

四時三十分，在府見宋部長長志。

四時五十五分，見馬秘書長紀壯。

五時十五分，見汪顧問道淵。

1月15日　星期六
上午

九時〇六分，至圓山飯店理髮。

九時四十六分，在府作農曆除夕談話錄影。

十時十六分，見馬秘書長紀壯。

十時三十分，見宋局長楚瑜。

下午

三時〇七分，在大直寓所見秦主任委員孝儀。

四時十分，見蔣秘書長彥士。

1月16日　星期日
【無記載】

1月17日　星期一
下午

三時五十四分，在府見馬秘書長紀壯。

四時十四分，見郝總長柏村。

1月18日　星期二
下午

四時十三分，在大直寓所見沈秘書長昌煥。

1月19日　星期三
下午

四時四十八分，在大直寓所見孫院長運璿。

1月20日　星期四
下午

三時十二分，在府見馬秘書長紀壯。

三時三十二分，見汪顧問道淵。

三時四十一分，見蔣秘書長彥士。

四時十分，見國家安全局駐美特派員汪希苓。

四時二十七分，自府往新店青潭，然後經建國南北路高
架橋返大直寓所。

七時五十二分，在大直寓所見秦主任委員孝儀。

1月21日　星期五
【無記載】

1月22日　星期六
上午

九時五十四分，至圓山飯店理髮。

十時四十八分，在府見沈秘書長昌煥。

1月23日　星期日
下午

三時二十八分，在大直寓所見俞總裁國華。

1月24日　星期一
上午

九時三十一分，在府見朱部長撫松。

九時五十五分，新任外交部政務次長丁懋時、駐大韓民國大使薛毓麒、駐沙烏地阿拉伯王國大使蔡維屏、駐哥斯大黎加共和國大使金樹基等四人，在府舉行宣誓，由總統親臨主持監誓。總統於主持儀式後，曾約見丁次長等四人，嘉勉彼等奉獻心力，肆應艱難，並期盼駐外同仁協同努力，求取更多成就與貢獻。

十時二十五分，見戰略顧問劉安祺。

十時四十六分，見宋部長長志。

下午

三時二十七分，偕同夫人乘車至建國南北路高架橋散步

而後返。

1 月 25 日　星期二
下午

二時五十六分，自大直寓所往淡水散步後至總統府。

四時，在府見郝總長柏村。

四時十五分，見張副秘書長祖詒。

1 月 26 日　星期三
上午

八時二十四分，在中央黨部見蔣秘書長彥士。

九時，主持中常會。

十時三十七分，見孫院長運璿。

1 月 27 日　星期四
下午

三時五十八分，在大直寓所見秦主任委員孝儀。

四時二十分，自大直寓所經華興中學至總統府。

四時五十七分，在府見蔣秘書長彥士。

1 月 28 日　星期五
上午

九時二十四分，在府見秦主任委員孝儀。

九時四十八分，見宋局長楚瑜。

九時五十七分，接見西德「明鏡週刊」東亞新聞主編庫斯特暨該刊駐東京特派員努恩柏格等二人，答復所提出

之各項問題，並和他們合照留念。

十時十五分，見宋局長楚瑜。

下午

三時二十三分，自大直寓所赴新店，然後至府。

四時十七分，見馬參軍長安瀾。

四時三十七分，見烏副總長鉞。

1 月 29 日至 30 日　星期六至日

【無記載】

1 月 31 日　星期一

上午

九時五十六分，至圓山飯店理髮。

十時三十六分，在府見國防部駐美採購組夏龍上校。

十一時五十三分，在大直寓所見宋局長楚瑜。

2月1日　星期二
【無記載】

2月2日　星期三
上午

八時三十三分，在中央黨部見蔣秘書長彥士。

九時，主持中常會。

九時四十五分，見沈秘書長昌煥。

十時二十七分，見秦主任委員孝儀。

2月3日　星期四
下午

三時三十一分，在府見馬秘書長紀壯。

三時五十三分，見郝總長柏村。

2月4日　星期五
上午

九時三十六分，在府見謝副總統。

十時，宏都拉斯共和國新任駐華大使傅烈飛至府晉謁總統，呈遞到任國書。

十時十九分，見工業技術研究院董事長徐賢修。

十時四十三分，見戰略顧問賴名湯。

十一時，見國策顧問沈劍虹。

2月5日至6日　星期六至日
【無記載】

2 月 7 日　星期一

下午

三時十三分，至圓山飯店理髮。

四時二十八分，在府見沈秘書長昌煥。

2 月 8 日　星期二

上午

九時十四分，至國防部衡山指揮所。

九時十五分，在衡山指揮所聽取該所施工簡報。

十時，主持軍事會談。

2 月 9 日　星期三

上午

八時二十八分，在中央黨部見蔣秘書長彥士。

九時，主持中常會。

九時三十四分，見立法院倪院長文亞。

九時五十五分，見內政部林部長洋港。

十時十二分，見秦主任委員孝儀。

十時十九分，見組織工作會副主任吳挽瀾。

2 月 10 日　星期四

【無記載】

2 月 11 日　星期五

上午

九時三十七分，至圓山飯店理髮。

十時二十八分，在府見汪顧問道淵。

2月12日　星期六　農曆除夕
下午

六時，偕同夫人至慈湖恭謁蔣公陵寢，表達孝思，並與家屬在此會餐後離去。

2月13日　星期日　農曆癸亥年元旦
上午

九時〇四分起，先後至大直寓所向總統拜年者，有嚴前總統等。

2月14日至15日　星期一至二
【無記載】

2月16日　星期三
上午

八時三十一分，在中央黨部見蔣秘書長彥士。

九時，主持農曆新春第一次中央常會，並向全體與會人員賀年；全體與會人員亦一致起立熱烈鼓掌向主席恭賀新年。

九時四十四分，見孫院長運璿。

十時二十五分，見秦主任委員孝儀。

2月17日至19日　星期四至六
【無記載】

2 月 20 日　星期日

下午

三時二十分，在大直寓所見蔣秘書長彥士。

2 月 21 日　星期一

上午

八時二十二分，至圓山飯店理髮。

九時二十分，在府見國防部總政治作戰部王主任昇。

九時五十六分，見宋局長楚瑜。

十時，接見美國演說家毛萊。

十時二十六分，見宋局長楚瑜。

十時三十一分，見張副秘書長祖詒。

十時五十三分，見沈秘書長昌煥及宋局長楚瑜。

2 月 22 日　星期二

【無記載】

2 月 23 日　星期三

上午

八時二十八分，在中央黨部見蔣秘書長彥士。

九時，主持中常會。

九時四十六分，聽取七十三年度中央總預算案簡報。參加人員有孫院長運璿、馬秘書長紀壯、沈秘書長昌煥、蔣秘書長彥士、俞總裁國華、徐部長立德、鍾主計長時益等。

2月24日　星期四
【無記載】

2月25日　星期五
下午

三時十分，在府見秦主任委員孝儀。

三時四十八分，見郝總長柏村。

四時〇二分，見中興大學校長李崇道及旅美諾貝爾物理學得獎人、中央研究院士李政道博士。

四時三十分，見俞總裁國華。

五時〇六分，見馬秘書長紀壯。

2月26日至27日　星期六至日
【無記載】

2月28日　星期一
上午

十時三十四分，至圓山飯店理髮。

3月1日　星期二

今為第四十屆兵役節，特頒書面致詞，期勉役政人員妥善運用軍中服役青年的專長，務使人力資源能作最有效的發揮。

下午

四時〇八分，在府見馬秘書長紀壯。

四時二十三分，見沈秘書長昌煥。

兵役節書面致詞

　　兵役法開始施行於民國二十五年三月一日，是我國近代史上的一件大事，於對日抗戰的獲致最後勝利，貢獻至大。政府乃於抗戰勝利前夕的民國三十三年，明定三月一日為兵役節，今天在此紀念第四十屆的此一節日，自有歷史性的重大意義。

　　回顧多年來政府為適應復國建國的戰備需求，積極革新兵役制度，至今國民服役，已成為絕對公正、公平、公開的事，完全達到「良民是良兵的基礎，良兵是良民的模範」的政策目標。這都是我役政同仁負責盡職，以及全國同胞團結合作的輝煌成就，值得欣慰，也更增加我們邁向勝利成功的信心。

　　面對以三民主義統一中國的時代任務，役政工作除了要確保四十年來建立的績效，還應配合國家整體經濟發展及國防科技人力的需求，妥善運用軍中服役青年的專長，務使人力資源能作最有效的發揮，希望役政同仁能再接再厲，繼續奉獻心力，加強為民服務，共同為國

家建設而奮進。

3月2日　星期三

上午

九時四十五分，在府內會議室主持國家安全會議，討論行政院擬送之「七十三年度中央政府總預算案核列情形報告」。於聽取報告及與會人員意見後，並期勉政府各部門，把握經濟復甦時機，採取有效的配合措施，力求經濟發展。關於預算的執行，應共體時艱，厲行節約，杜絕浪費。

蔣經國總統裁示

（一）行政院擬送「七十三年度中央政府總預算案核列情形報告」，顯示各級政府淨支出，較七十二年度法定預算減少百分之一・二；中央政府支出，較七十二年度法定預算減少百分之四・三。此為因應當前經濟情勢，採取的適度措施，應予備查。

（二）七十三年度中央政府總預算收支差短，雖較七十二年度略有擴大，但經常收支續有相當數額的剩餘，移充投資建設的財源，足徵政府財政基礎仍屬健全。關於歲出的分配，仍以國防、外交支出居首位；對於科技研究經費，則有顯著的增加。同時關於經建投資支出，如連同各級政府預算一併衡量，其總額尚較七十二年經建計畫所訂公共部門投資目標為高。希即以所報收支情形為

基礎，編製中央政府總預算案。

（三）當前經濟復甦跡象，已逐漸顯現，政府各部門務
　　　須把握時機，採取有效的配合措施，加速工業升
　　　級，改進產業結構，力求經濟發展，關於預算的
　　　執行，應共體時艱，厲行節約，杜絕浪費。

（四）本日與會人員發表的意見，請行政院研參辦理。

3 月 3 日　星期四

下午

四時二十六分，在府見馬秘書長紀壯。

3 月 4 日　星期五

下午

四時三十八分，在府見蔣秘書長彥士。

3 月 5 日　星期六

下午

五時十六分，在大直寓所見秦主任委員孝儀。

3 月 6 日　星期日

【無記載】

3 月 7 日　星期一

上午

十時十分，至圓山飯店理髮。

十時五十分，至總統府。

十一時○七分，在府見沈秘書長昌煥。

3月8日　星期二
上午
九時五十五分，主持軍事會談。

3月9日　星期三
上午
九時，主持中常會。
九時四十八分，見孫院長運璿。
十時○八分，見秦主任委員孝儀。

3月10日　星期四
上午
九時三十一分，在府見美國前聯邦參議員麥高文。

3月11日　星期五
下午
四時二十九分，在府見馬秘書長紀壯。

3月12日　星期六
上午
九時三十四分，見郝總長柏村。
九時五十八分，見汪顧問道淵。
十時十六分，見宋部長長志。

3 月 13 日　星期日
【無記載】

3 月 14 日　星期一
上午
九時四十分，至總統府。
十時〇六分，至圓山飯店理髮。

下午
三時四十九分，至總統府。
四時，見馬秘書長紀壯。
四時五十七分，自府經新店、建國南北路高架道後，返
回大直寓所。

3 月 15 日　星期二　　總統暨夫人結婚
　　　　　　　　　　　　四十八週年紀念日
下午
七時，在大直寓所舉行紀念餐會，除家人外，來賓參加
者僅沈秘書長昌煥夫婦及孫董事長義宣夫婦。

3 月 16 日　星期三
上午
八時三十三分，在中央黨部見蔣秘書長彥士。
九時，主持中常會。
十時三十分，見高戰略顧問魁元。
十時三十八分，見臺灣省議會高議長育仁。

十時四十七分，在中央黨部聽取「國內油電及交通費率減價案」簡報。參加者有孫院長運璿、馬秘書長紀壯、蔣秘書長彥士、俞總裁國華、連部長戰、王次長昭明、鍾主計長時益等。

3月17日　星期四
【無記載】

3月18日　星期五
下午

四時二十分，與夫人同車散步，自大直寓所出發，經中山北路、仰德大道、陽投路、大業路、百齡五路、文林北路、中山北路，而後返回寓所。

3月19日　星期六
【無記載】

3月20日　星期日
下午

三時四十九分，與夫人同車散步，自大直寓所出發，經中山北路、中山南路、羅斯福路、新店、建國南北路之高架道，而後返回寓所。

3月21日　星期一
下午

三時三十七分，至圓山飯店理髮。

四時十三分，至總統府。

四時四十一分，見馬秘書長紀壯。

四時五十四分，見秦主任委員孝儀。

3 月 22 日　星期二

下午

四時〇七分，在府見沈秘書長昌煥。

3 月 23 日　星期三

上午

八時三十三分，在中央黨部見蔣秘書長彥士。

九時，主持中常會。

十時十分，見孫院長運璿。

十時二十分，見高戰略顧問魁元。

十時三十二分，見考核紀律委員會梁主任委員永章。

十時四十六分，至總統府。

十時五十二分，接見中央研究院院長錢思亮、旅美物理學家、中央研究院院士袁家騮、吳健雄夫婦暨該院原子與分子科學研究所設所諮詢委員會委員浦大邦博士等四人。

3 月 24 日　星期四

下午

二時五十五分，至桃園中正國際機場。

四時〇五分，歡迎新加坡共和國總理李光耀夫婦來華訪問。

四時十八分，邀貴賓同車自機場赴圓山飯店。

四時五十六分，自圓山飯店返大直寓所。

3月25日　星期五

下午

四時三十分，在大直寓所，以茶會款待李總理光耀夫婦
及其隨行人員；並邀孫院長運璿夫婦、馬秘書長紀壯夫
婦及沈秘書長昌煥夫婦等作陪。

3月26日至27日　星期六至日

【無記載】

3月28日　星期一

下午

三時二十分，在府見郝總長柏村。

三時五十三分，接見美國大通銀行顧問委員會主任委員
洛克斐勒、執行副總裁史泰德、副總裁兼亞太地區經理
麥特隆、臺北分行總經理費榮德等四人。

四時三十五分，見美國紐約世界日報社長馬克任。

四時五十七分，見沈秘書長昌煥。

3月29日　星期二　中華民國第四十屆青年節

特頒賀詞勗勉全國青年，發揚革命青年，勇於承擔、堅
忍貫徹的志節，高舉青天白日的大旗，矢作反共復國的
先鋒，自強不息，團結邁進，建設三民主義的新中國。

今年青年節，適逢歷史上青年楷模民族英雄岳飛八百八十誕辰，特題書「盡忠報國」四字，以勵國人。並加示語：「中華民國七十二年青年節適逢岳武穆八百八十誕辰，特錄岳母訓子刺字之文，藉申景仰，並與國人共勉。」

青年節書面致詞

親愛的全國青年朋友們：

今天欣逢中華民國第四十屆青年節，我們大家於熱烈慶祝之餘，同應加深體認這一節日的莊嚴啟示、與時代使命的殷切呼喚。也就是我們要勿忘效法革命先烈為國奉獻、不畏犧牲的精神，發揚革命青年勇於承擔、堅忍貫徹的志節，高舉青天白日的大旗，矢作反共復國的先鋒，迎接任何挑戰，突破任何橫逆，自強不息，團結邁進，建設三民主義的新中國。祝大家身體健康，事業成功，創造時代，掌握勝利！

總統　蔣經國

3 月 30 日　星期三

上午

八時三十一分，在中央黨部見蔣秘書長彥士。

九時，主持中常會。

3 月 31 日　星期四

【無記載】

4月1日　星期五

下午

四時，在府接見美國聯邦眾議員戴馬利夫婦。

四時二十七分，接見美國前駐華大使莊萊德夫婦。

四時五十五分，見郝總長柏村。

五時十一分，見秦主任委員孝儀。

4月2日　星期六

【無記載】

4月3日　星期日

下午

四時三十五分，在大直寓所見俞總裁國華。

五時四十二分，見秦主任委員孝儀。

4月4日　星期一

下午

三時〇六分，至圓山飯店理髮。

三時五十六分，在府見郝總長柏村。

四時三十二分，見張副秘書長祖詒。

4月5日　星期二

上午

九時，與夫人抵達慈湖陵寢，隨即偕同家人在蔣公靈堂
前行禮默禱，表達對父親永恆的仰慕與懷念。總統與家
人進出靈堂時，曾向自各地遠道前來謁陵致敬的民眾和

團體，頻頻揮手，表示謝意。

十時十四分，返回大直寓所。

下午

五時十八分，在大直寓所見秦主任委員孝儀。

4月6日　星期三

上午

八時二十六分，在中央黨部見蔣秘書長彥士。

九時，主持中常會。

十時二十五分，見蔣秘書長彥士。

十時二十九分，見孫院長運璿。

十時四十分，見秦主任委員孝儀。

下午

四時四十二分，在大直寓所見臺灣省黨部宋主任委員時選。

4月7日　星期四

下午

三時四十七分，在府見宋部長長志。

四時〇六分，見馬秘書長紀壯。

四時二十九分，見沈秘書長昌煥。

4月8日　星期五

世界五大洲華人團體第一屆聯誼會，今在日本東京舉

行。總統特去電致賀，期勉全國僑胞，團結合作，推展
四海同心運動，光大中華傳統文化，以貫徹三民主義統
一中國大業。

4月9日　星期六
下午

三時十七分，在大直寓所見秦主任委員孝儀。

4月10日　星期日
【無記載】

4月11日　星期一
上午

八時四十八分，至圓山飯店理髮。

九時四十三分，在府見國防部總政治作戰部王主任昇。

十時五十三分，見馬秘書長紀壯。

十一時十四分，見前北美事務協調委員會舊金山辦事處
處長鍾湖濱。

4月12日　星期二
上午

十時，主持軍事會談。

十一時〇五分，見孫院長運璿。

4 月 13 日　星期三

上午

八時二十六分，在中央黨部見蔣秘書長彥士。

九時，主持中常會。

4 月 14 日　星期四

【無記載】

4 月 15 日　星期五

下午

三時五十四分，在府見郝總長柏村。

四時三十三分，見俞總裁國華。

五時〇二分，見蔣秘書長彥士。

五時二十四分，見馬秘書長紀壯。

4 月 16 日　星期六

下午

四時，在大直寓所見沈秘書長昌煥。

4 月 17 日　星期日

【無記載】

4 月 18 日　星期一

下午

三時〇八分，至圓山飯店理髮。

三時五十六分，在府見馬秘書長紀壯。

四時四十五分，見外交部朱部長撫松。

4月19日　星期二
【無記載】

4月20日　星期三
上午

八時二十分，在中央黨部見蔣秘書長彥士。

九時，主持中常會。

十時，見余常委紀忠（中國時報董事長）。

下午

三時十八分，在大直寓所見秦主任委員孝儀。

4月21日　星期四
下午

四時〇一分，在府見郝總長柏村。

四時二十五分，見宋部長長志。

四時五十二分，見沈秘書長昌煥。

4月22日　星期五
【無記載】

4月23日　星期六
下午

三時五十一分，在大直寓所見秦主任委員孝儀。

五時三十七分，見蔣秘書長彥士。

4 月 24 日　星期日
上午

九時二十五分，在大直寓所見秦主任委員孝儀。

下午

三時五十分，在大直寓所見孫院長運璿。

4 月 25 日　星期一
上午

十一時五十四分，在大直寓所見秦主任委員孝儀。

下午

四時〇五分，至圓山飯店理髮。

四時五十二分，在府見烏副總長鉞。

五時十八分，見馬秘書長紀壯。

4 月 26 日　星期二
下午

三時二十三分，在府見張副秘書長祖詒。

三時四十五分，見馬秘書長紀壯。

三時五十八分，接見日本日華關係議員懇談會會長灘尾
弘吉。

四時二十九分，接見宏都拉斯共和國外交部部長巴斯。

四時四十七分，接見瓜地馬拉共和國總統府參軍長阿格

達上校。

五時○六分，見駐烏拉圭共和國大使夏功權。

4 月 27 日　星期三

上午

八時二十分，在中央黨部見蔣秘書長彥士。

九時，主持中常會。

十時○三分，見中央日報曹董事長聖芬。

十時○九分，見俞總裁國華。

4 月 28 日　星期四

下午

四時十一分，在府見烏副總長鉞。

四時二十八分，見宋部長長志。

四時五十分，見馬秘書長紀壯。

4 月 29 日　星期五

上午

九時五十五分，在府接見美國美中經濟協會理事長大
衛・甘乃迪，曾請其向所有前來我國參加中美貿易暨投
資研討會議的美國代表們，轉達歡迎與問候之意。

4 月 30 日　星期六

今日為公華誕。雖值週末，仍照常作息，處理要公。對
於海內外同胞、各界人士、外國友人申致祝賀者，表示
非常感謝；並期勉大家，要一致奮發，倍加惕勵，為壽

國壽民，早日完成中興復國大業而共同努力。

今日上午親至大直寓所祝嘏者，有嚴前總統、謝副總
統、孫院長運璿、蔣總司令緯國等。

下午

三時〇七分，在大直寓所見秦主任委員孝儀。

5月1日　星期日
【無記載】

5月2日　星期一
下午

四時○二分，至圓山飯店理髮。

四時五十七分，在府見馬秘書長紀壯。

5月3日　星期二
下午

四時三十二分，在府見汪顧問道淵。

四時五十一分，見海軍總司令鄒堅。

5月4日　星期三
上午

八時二十五分，在中央黨部見蔣秘書長彥士。

九時，主持中常會。

十一時二十八分，見孫院長運璿。

十一時三十四分，見倪院長文亞。

下午

二時五十八分，在大直寓所見秦主任委員孝儀。

四時四十二分，見沈秘書長昌煥。

5 月 5 日　星期四

上午

十時十六分，在府見郝總長柏村。

十一時〇二分，見馬秘書長紀壯。

下午

三時五十二分，在府見聯勤總司令蔣緯國。

四時四十六分，見蔣秘書長彥士。

5 月 6 日　星期五

下午

三時二十一分，在府見郝總長柏村。

三時四十二分，見秦主任委員孝儀。

三時五十六分，見陸軍總司令蔣仲苓。

四時十四分，見郝總長柏村。

四時二十二分，見空軍總司令郭汝霖。

四時三十八分，見海軍副總司令劉和謙。

五時，見宋部長長志。

5 月 7 日　星期六

下午

三時十九分，在府見郝總長柏村。

三時五十二分，見孫院長運璿及朱部長撫松。

四時二十三分，見警備總司令陳守山。

5月8日　星期日

下午

四時二十六分，在大直寓所見俞總裁國華。

5月9日　星期一

下午

二時五十分，至圓山飯店理髮。

三時三十八分，在府見馬秘書長紀壯。

四時，接見美國美中經濟協會秘書長莫偉禮。

四時五十八分，見國防部總政治作戰部主任王昇。

五時二十五分，見郝總長柏村。

5月10日　星期二

下午

五時二十一分，在大直寓所見秦主任委員孝儀。

5月11日　星期三

上午

八時二十四分，在中央黨部見蔣秘書長彥士。

八時四十二分，見秦主任委員孝儀。

八時五十一分，主持中常會。

九時四十六分，見宋部長長志。

九時五十六分，見國家安全局汪局長敬煦。

5 月 12 日　星期四

下午

三時五十三分，在府見行政院邱副院長創煥（將應南非共和國之邀，前往訪問）。

四時十六分，見陸軍副總司令宋心濂。

四時三十三分，見臺南市市長蘇南成。

五時○三分，見蔣秘書長彥士。

5 月 13 日至 15 日　星期五至日

【無記載】

5 月 16 日　星期一

下午

四時二十二分，至榮民總醫院，並駐蹕作健康檢查。

五時○三分，在榮民總醫院見孫院長運璿。

5 月 17 日　星期二

下午

四時三十分，在榮民總醫院見孫院長運璿。

晚

八時十三分，見秦主任委員孝儀。

5 月 18 日　星期三

下午

三時十七分，在榮民總醫院見沈秘書長昌煥。

四時四十七分，見蔣秘書長彥士。

五時五十七分，見馬秘書長紀壯。

5 月 19 日　星期四
下午

三時二十五分，在榮民總醫院見俞總裁國華。

5 月 20 日　星期五
【無記載】

5 月 21 日　星期六
下午

四時五十分，在榮民總醫院見沈秘書長昌煥。

五時三十七分，見蔣秘書長彥士。

5 月 22 日至 23 日　星期日至一
【無記載】

5 月 24 日　星期二
上午

八時〇五分，在榮民總醫院見秦主任委員孝儀。

5 月 25 日　星期三
上午

九時十二分，在榮民總醫院見國軍退除役官兵輔導委員
會鄭主任委員為元及榮民總醫院鄒院長濟勳。

下午

五時〇三分，在榮民總醫院見孫院長運璿。

5 月 26 日　星期四

下午

四時五十分，在榮民總醫院見蔣秘書長彥士。

5 月 27 日　星期五

下午

四時四十分，在榮民總醫院見馬秘書長紀壯。

五時四十七分，見郝總長柏村。

5 月 28 日　星期六

上午

十時四十分，在榮民總醫院見蔣秘書長彥士。

下午

四時十四分，在榮民總醫院見秦主任委員孝儀。

5 月 29 日　星期日

下午

四時四十分，在榮民總醫院見沈秘書長昌煥。

5 月 30 日至 31 日　星期一至二

【無記載】

6月1日　星期三

上午

八時十一分，在中央黨部見蔣秘書長彥士。

八時四十六分，主持中常會。

九時五十四分，見嚴前總統。

十時二十五分，見孫院長運璿。

十時三十八分，至圓山飯店理髮。

6月2日至3日　星期四至五

【無記載】

6月4日　星期六

獲悉臺灣省由於連日豪雨，有些縣市地區之公路、鐵路、橋樑、房屋等受到嚴重災害，且有民眾不幸傷亡之情事發生，為此極為關切，特囑馬秘書長紀壯轉知省府李主席登輝，應即分別指示各縣市首長及有關單位予以搶修救助；並告知郝總長柏村，在必要時，軍方應派部隊支援協助。

下午

五時五十七分，在大直寓所見秦主任委員孝儀。

6月5日　星期日

下午

三時二十七分，在大直寓所見俞總裁國華。

6月6日　星期一
【無記載】

6月7日　星期二
上午

八時五十七分，在府見國家安全局汪局長敬煦。

九時二十五分，新任國防部副參謀總長（執行官）鄒堅上將、總政治作戰部主任許歷農上將、海軍總司令劉和謙上將等在府舉行宣誓，由總統親自主持監誓。

九時二十七分，見馬秘書長紀壯、馬參軍長安瀾、宋部長長志、郝總長柏村。

九時四十二分，見聯勤蔣總司令緯國。

九時五十一分，主持軍事會談，聽取郝總長柏村等有關國軍舉行「漢興演習」、「迅雷演習」等情形；並勗勉三軍全體官兵，精誠團結，協同努力，加深敵情觀念，提高憂患意識，做好萬全準備，突破任何艱難，來確保復興基地的安全，並進而完成重光大陸的光榮使命。

6月8日　星期三
上午

八時二十五分，在中央黨部見蔣秘書長彥士。

九時，主持中常會。

十時，見孫院長運璿。

十時十一分，見秦主任委員孝儀。

下午

四時五十分，在大直寓所見沈秘書長昌煥。

6月9日　星期四
【無記載】

6月10日　星期五
下午

五時五十二分，在大直寓所見郝總長柏村。

6月11日　星期六
下午

三時二十七分，在大直寓所見俞總裁國華。

6月12日　星期日
下午

三時五十五分，在大直寓所見沈秘書長昌煥。

6月13日　星期一
下午

四時二十五分，在大直寓所見蔣秘書長彥士。

6月14日至15日　星期二至三
【無記載】

6 月 16 日　星期四

上午

九時三十六分，至圓山飯店理髮。

十時三十五分，在府見國防部總政治作戰部主任許歷農。

十時五十八分，見海軍總司令劉和謙。

十一時十八分，見馬秘書長紀壯。

6 月 17 日　星期五

上午

八時四十一分，在府見汪顧問道淵。

八時五十七分，接見大韓民國新生活運動中央本部事務總長全敬煥，曾向其強調中韓兩國反共立場相同，相信在今後雙方推誠合作下，當可使彼此間傳統睦誼，更能臻於密切。

九時四十九分，見孫院長運璿。

十時，主持財經座談，曾作六項指示：

一、促進各業增產外銷，使景氣早日復甦。

二、早日儲備原料，並加強生產自動化。

三、建立現代化的企業組織與管理系統。

四、現有財經法令，應作全盤的檢討。

五、改進證券市場，俾有效運用社會儲蓄資源。

六、對經濟犯罪，應予從嚴處分。

財經會報指示

一、國際經濟由於美國景氣的領先復甦以及石油價格
　　之大幅下跌，已有好轉跡象。我國最近兩月出口業
　　已恢復增加，於刺激工業生產有利，故國內經濟亦
　　呈顯復甦徵兆。際此時機，行政院於三月三十一日
　　通過「復甦經濟景氣促進工商業發展方案」至為適
　　當，深望有關單位於執行該方案時隨時檢討改進，
　　務期貫徹實施。同時工商各業亦應力求減低成本，
　　提高品質，增加生產，促進外銷，使景氣早日復
　　甦，並恢復我經濟之快速成長。

二、為避免經濟復甦後，國際原材料及機械設備進口價
　　格之上漲及國內工資之波動，對生產成本形成不利
　　之影響，國內業者亟應把握當前時刻，去除猶豫心
　　理，早日儲備生產原料，同時為配合經濟結構的轉
　　型，從速從事各種必須的投資，加強生產自動化，
　　節減能源的消費，以及擺脫對廉價勞力的依賴，藉
　　以提高我產品在國際市場之競爭能力，政府有關單
　　位亦應適時採取措施，以求配合。

三、當此經濟結構轉型期間，工商企業所面臨之困難，
　　當較以往為多，如仍沿用以往落後經營管理的觀念
　　與方式，必難應付未來時代的挑戰，必須儘早汲取
　　進步的經營理念與引進如電腦等之新式工具，以建
　　立現代化的企業組織與管理系統，加強研究發展與
　　員工培訓，以提高經營之效率。

四、自經兩次石油危機衝擊後，國內外經濟已有顯著的
　　變化，國內現有財經法令與規章能否適應及配合未

來發展的需要，應作全盤的檢討，並研擬改進，及早實施，不僅要消除阻礙經濟進一步發展的各種不利因素，且能具有前瞻的作用，領導我們進入現代化工業國家之林。

五、近年來民間儲蓄日見增加，而疏導儲蓄至投資的主要管道——資本市場之運作，迄今未臻健全。為促進資本大眾化，主管單位應積極設法改進證券市場，一面力求證券交易之公平、公正與公開，以保障投資大眾，便利廠商資金之籌措。一面防制人為操縱，減少股價不合理之波動，增加購買者之信心，視為儲蓄者正當投資之途徑，俾有效運用社會儲蓄資源，全力推動經濟之發展。

六、近來國內經濟犯罪時有發生，其重大者如仿冒商標、假造配額簽證及上市公司負責人違法瀆職等，嚴重破壞正常經濟活動的秩序，侵蝕經濟發展的基礎並傷害國際形象。有關單位亟應正視其嚴重性，根據有關法令從嚴處分，厲行法治，重整經濟紀律。

6月18日　星期六
【無記載】

6月19日　星期日
下午

四時三十六分，在大直寓所見秦主任委員孝儀。

6月20日　星期一
下午

四時十四分，在大直寓所見蔣秘書長彥士。

五時二十四分，見郝總長柏村。

6月21日　星期二
【無記載】

6月22日　星期三
下午

四時〇三分，在大直寓所見臺灣省黨部宋主任委員時選。

6月23日　星期四
下午

四時四十八分，在大直寓所見沈秘書長昌煥。

6月24日　星期五
下午

四時三十分，在大直寓所見蔣秘書長彥士。

6月25日至26日　星期六至日
【無記載】

6 月 27 日　星期一

下午

四時三十一分，在大直寓所見俞總裁國華。

6 月 28 日至 29 日　星期二至三

【無記載】

6 月 30 日　星期四

下午

四時二十七分，在大直寓所見孫院長運璿。

7月1日　星期五

上午

八時二十一分，在圓山飯店理髮。

九時○八分，在府見汪顧問道淵。

九時二十九分，見馬秘書長紀壯。

九時五十一分，見行政院駐美採購團主任溫哈熊。

十時十五分，見郝總長柏村。

十時四十七分，見國家安全局駐美特派員汪希苓。

今日明令指定毛松年、曾廣順、張祖詒、董世芳、戴仲玉、高銘輝、丁懋時、施金池、黃乾為僑選增額立法委員遴選工作委員會委員，並指定毛松年為主任委員。

7月2日　星期六

下午

四時二十五分，在大直寓所見沈秘書長昌煥。

7月3日　星期日

下午

四時二十五分，在大直寓所見蔣秘書長彥士。

7月4日　星期一

下午

四時五十五分，在大直寓所見秦主任委員孝儀。

7月5日 星期二
上午

九時十七分，在府見宋部長長志。

九時四十七分，見郝總長柏村。

十時，主持軍事會談。

7月6日 星期三
上午

八時二十四分，在中央黨部見蔣秘書長彥士。

九時，主持中常會。聽取臺灣省政府主席李登輝報告
「省政向下紮根的做法」後，並提示當前省政繼續向下
紮根，須以基層建設為重，特別對於農、漁、勞工較低
所得者的照顧，要能切實而普及。關於社會風氣及治安
問題，根本上有賴於公民教育之加強及勤儉精神之倡
導；但屬行法治與公權力之不容侵犯，實為急切之圖。
希望共體斯旨，為確保社會安寧而努力。

中常會提示

　　近年臺灣省政建設，在省府以及縣市各級機關戮力
推動之下，均能針對省民需要，貫徹中央決策，著有長
足之進步；尤能協調各方，團結和諧，精誠合作，以新
的觀念、新的氣象，發揮整體力量，促使省政工作順利
進行，至堪欣慰。報告所提各項施政，咸能把握重點，
適切作為；於問題之處理，亦皆衡酌至當，措施得宜，
深值嘉勉。

　　當前省政要項，誠如報告所云，必須繼續積極向下

縈根，亦即須以直接關係民眾福祉之基層建設為重，務
使每項計畫之執行，都能落實，真正為民造福，而於大
眾生活品質之改善，獲得效益；特別對農、漁、勞工較
低所得者的照顧，要切實際，要能普及，俾在經濟發展
中，增進全體之民生樂利。

對於社會風氣及治安問題，必須匡正淨化，加強處
理。而此任務之達成，根本上固有賴於公民教育之加強
及勤儉精神之倡導，但屬行法治與公權力之不容侵犯，
實為急切之圖。尚希各級工作同志善體斯旨，除暴安
良，共為確保社會安寧而努力。

李登輝同志主持省政，以政治開明之作風，實事求
是，注重效率，並能作前瞻性之策劃，故各項建設皆有
具體成果，仍望本於建立三民主義模範省之基本職責，
進而達成以三民主義統一中國之最高目標，與全體同仁
共勉。

7月7日　星期四
【無記載】

7月8日　星期五
上午

八時五十分，至圓山飯店理髮。

九時三十一分，在府見張副秘書長祖詒。

十時，接見美國民主黨籍眾議員賈席亞、佛格里塔、唐
士及艾克曼等一行四人，並和他們就中美有關問題，廣
泛交換意見。

十時五十四分，見馬秘書長紀壯。

十一時，見中國輸出入銀行理事主席孫義宣。

7 月 9 日　星期六

下午

五時二十一分，在大直寓所見郝總長柏村。

五時四十六分，見行政院駐美採購團主席溫哈熊。

7 月 10 日　星期日

下午

四時二十六分，在大直寓所見沈秘書長昌煥。

7 月 11 日　星期一

下午

六時十九分，在大直寓所見秦主任委員孝儀。

7 月 12 日　星期二

【無記載】

7 月 13 日　星期三

上午

八時二十七分，在中央黨部見蔣秘書長彥士。

九時，主持中常會。於聽取青年工作會主任張豫生報告
與退休教授連繫情形後，期望對於退除役軍人、退休的
行政、黨務以及文化、教育、社會等各方面的人員，亦
可仿照多舉辦類似活動，並經常加以連繫與慰候。

十時〇六分，見孫院長運璿。

十時十九分，見高雄市市長許水德，垂詢高雄市鹽埕區海水倒灌情形，並指示許市長應有計畫地加速地方的發展與進步。

十時二十七分，見朱部長撫松。

7月14日　星期四
下午

五時〇二分，在大直寓所見郝總長柏村。

7月15日　星期五
【無記載】

7月16日　星期六
下午

一時十六分，在大直寓所見郝總長柏村。

五時〇三分，見秦主任委員孝儀。

7月17日　星期日
下午

四時十八分，在大直寓所見沈秘書長昌煥。

六時〇二分，見蔣秘書長彥士。

7月18日　星期一
中華民國七十二年國家建設研究會，今日上午在臺北市三軍軍官俱樂部舉行開幕式。總統特以書面致詞，勉勵

各位學者、專家，各展所長，協助政府積極推動關鍵性科技，為國家前途開創美好的遠景。並憑恃共識與信心，密切合作，為完成以三民主義統一中國的神聖使命而奮鬥。

中華民國七十二年國家建設研究會書面致詞

中華民國七十二年國家建設研究會今天揭幕，各位學者、專家在炎夏之中前來參加，備嘗辛勞，經國特申謝意和敬意。

政府舉辦國家建設研究會的目的，在於增進了解，建立共識，擴大參與，結合智慧，以期集中心力，促進國家建設。歷年的國建會都有卓越的貢獻，不但發揮建言功能，也建立了海內外學人聯繫的管道。在座的各位都是學有專長的學者、專家，深信以各位深厚的學養與寶貴的經驗，必能使這次會議獲得更豐碩的成果。

今年國建會是以科技研究發展為主題。政府為使國家建設朝向現代化的目標邁進，已將科技新知的吸收、引進、移轉和在國內生根列為重要施政項目。行政院去年曾修訂科學技術發展方案，除積極推動基本科學與應用技術的研究發展外，並列舉八項關鍵性科技，作為國家層次的科技發展目標。今年國建會的五個研究主題，都是環繞那些重點目標為中心，期望諸位各展所長，協助政府積極推動。

三十多年來復興基地各方面的進步，不僅使國家成長和茁壯，也為未來光復大陸後的復興建設工作，提供了藍圖。因此各位學者、專家參加這次會議，也可藉機

體認國家建設的實況，加強對國家前途的信心。深盼
今年的國建會不僅是一次交換科技研究發展經驗的大聚
合，更將為國家前途開創美好的遠景，邁開一大步。憑
持這種共識與信心，讓我們大家密切合作，為完成我們
以三民主義統一中國的神聖使命而奮鬥！

敬祝會議圓滿成功，各位身心愉快！

7月19日　星期二

下午

四時，至圓山飯店理髮。

四時四十七分，在府見國防部總政治作戰部許主任
歷農。

五時十五分，見馬秘書長紀壯。

7月20日　星期三

上午

八時二十五分，在中央黨部見蔣秘書長彥士。

九時，主持中常會。

九時四十七分，見孫院長運璿。

十時〇六分，見宋部長長志。

7月21日　星期四

【無記載】

7 月 22 日　星期五
下午

五時四十五分，在大直寓所見俞總裁國華。

7 月 23 日　星期六
【無記載】

7 月 24 日　星期日
下午

四時三十二分，在大直寓所見蔣秘書長彥士。

五時五十八分，見秦主任委員孝儀。

7 月 25 日　星期一
下午

三時，至圓山飯店理髮。

三時五十二分，在府見馬秘書長紀壯。

四時三十分，見沈秘書長昌煥。

五時〇三分，見汪顧問道淵。

7 月 26 日　星期二
上午

九時五十七分，在府見張副秘書長祖詒。

十時三十分，主持軍事會談。

下午

五時十七分，在大直寓所見孫院長運璿。

7月27日　星期三

上午

八時二十五分，在中央黨部見蔣秘書長彥士。

九時，主持中常會。於聽取中央政策會秘書長趙自齊報告立法院七十一會期審議通過多項重要議案後，發表談話，對立法委員均能共體時艱，維護國家利益，增進人民福祉，達成任務，表示欽佩。此外，於聽取國科會從政同志工作報告後，亦發表談話，對科技工作者為國家貢獻出智慧與心力，表示敬意與謝忱。同時希望行政院從政同志，加強改善研究環境，多予支援，多與連繫，以達成科技紮根和發展的雙重目標。

十時二十三分，見國防部宋部長長志。

中常會提示

　　由於科技知識的日新月異，在此國際競爭激烈的時代中，科技發展的水準，無疑將是決定一個國家前途的重要因素。國科會所負任務，是推動國家進步巨輪的工作，經過歷年來的努力，已有顯著績效。報告所提對於改善科學研究環境，以加速全面科學發展的體認，洵屬正確，其方向和作法，亦皆適當，應予支持。

　　大家都知道，科學研究和技術發展的成果，足以改變人類生活的型態、社會的結構。是以舉世各國無不運用所有潛能，為其國家建設需要，從事於科技研究發展，造福民眾，如能有所突破，則必能提昇其國際地位，增加其國家力量。

　　當然，科技的研究發展，決非一蹴即至，必須孜孜

不倦，默默耕耘，累積知識與經驗，甚至接受無數失敗的教訓，鍥而不捨，方能期有所成。而其中尤以人才的前後相繼，傳習相承，最為重要。因之，行政院所定「科學技術發展方案」和「加強延攬高級技術人才方案」，強調基礎科學與應用科技必須密切結合，並且針對當前需要設定加速發展的重點，同時以培育人才和集中人才來作整體推動，可說已為我國未來科技發展提供了具體的途徑和明確的方針，至望戮力以赴，期底於成。

對國科會和有關單位的同仁們以及海內外有關的科技工作者，包括這幾天正在出席國建會的專家學者們，為了國家的利益，貢獻出他們的智慧與心力，特致誠摯的敬意與謝忱。並盼行政院的從政同志，加強改善研究環境，多予支援，多與聯繫，來達成科技紮根和發展的雙重目標。

7 月 28 日　星期四

下午

四時十四分，在大直寓所見秦主任委員孝儀。

五時十分，見郝總長柏村。

7 月 29 日　星期五

今日發布明令，特派宋長志為中華民國慶賀巴拉圭共和國總統就職典禮特使。

7月30日　星期六
下午

五時〇七分，在大直寓所見沈秘書長昌煥。

7月31日　星期日
下午

五時二十分，在大直寓所見蔣秘書長彥士。

8月1日　星期一

下午

四時四十二分，在府見郝總長柏村。

五時十二分，見國防部總政戰部許主任歷農。

五時三十一分，見秦主任委員孝儀。

8月2日　星期二

上午

八時四十一分，至圓山飯店理髮。

九時二十九分，在府見朱部長撫松。

十時，接見參加國家建設研究會的總領隊、各組領隊及報告人劉鈴、趙榮耀、龔行憲、郭宗德、毛為文、宋瑞樓等，聽取各組（電腦教育及電腦教學組、光電工程組、生物技術組、流行性疾病研究組、食品科技組）的研討結論報告，嘉許學人們學術報國的情懷；並希望海外學人經常回國，參與其事，為協助國家科技紮根與發展，而作長期的努力。

十時五十七分，見馬秘書長紀壯。

十一時〇八分，見宋部長長志。

8月3日　星期三

上午

八時三十一分，在中央黨部見蔣秘書長彥士。

八時四十分，見臺灣省政府李主席登輝。

九時，主持中常會。於聽取青年工作會主任張豫生報告在大專院校舉行「民主與法治座談會」的情形後，曾經

表示，青年學生對民主與法治等問題，能經過討論、辯論的而產生共識，才是好現象。

九時四十五分，見俞總裁國華。

十時十一分，見考核紀律委員會林主任委員金生。

十時二十二分，見中央黨部秘書處吳主任伯雄。

十時二十八分，見黨史委員會秦主任委員孝儀。

8月4日　星期四

下午

三時二十四分，在府見郝總長柏村。

三時五十五分，主持座談。參加者有嚴前總統、孫院長運璿、黃院長少谷、馬秘書長紀壯、沈秘書長昌煥、蔣秘書長彥士、袁中常委守謙、朱部長撫松、宋部長長志、郝總長柏村等人。

四時五十分，見蔣秘書長彥士。

四時五十八分，見汪顧問道淵。

8月5日　星期五

上午

九時五十分，在府見陸軍總部總司令蔣仲苓、副總司令言百謙、朱致遠、參謀長施震宙、政治作戰部主任曹興華等五人。

十時二十三分，見郝總長柏村。

十時三十五分，見海軍總部總司令劉和謙、副總司令羅錡、李用彪、參謀長朱瑞慶、政治作戰部主任歐陽位等五人。

下午

三時五十三分，在府見空軍總部總司令郭汝霖、副總司令陳燊齡、張汝誠、參謀長賈思聰、政治作戰部主任唐積敏等五人。

四時二十二分，見郝總長柏村。

四時四十三分，見張副秘書長祖詒。

8月6日　星期六

下午

四時二十三分，在大直寓所見沈秘書長昌煥。

8月7日　星期日

下午

四時，在大直寓所見俞總裁國華。

8月8日　星期一

下午

二時五十八分，至圓山飯店理髮。

三時四十分，在府見國防部張副部長國英。

四時，約集沈秘書長昌煥、張副秘書長祖詒、宋局長楚瑜、秦主任委員孝儀、周主任應龍等座談。

四時二十二分，見汪顧問道淵。

四時二十八分，見輔導會鄭主任委員為元。

四時三十九分，見梁顧問永章。

四時五十三分，見前民航局局長毛瀛初。

五時〇六分，見朱部長撫松。

五時十八分，見中山大學李校長煥。

8月9日　星期二

上午

九時三十七分，在府見馬秘書長紀壯。

九時五十三分，在府主持財經座談。於聽取經建會主任委員俞國華等對當前財經情勢報告後，並作以下重要指示：

（一）把握時機，加速國內經濟復甦，開創我國經濟發展新機運。

（二）做好產業結構調整工作，為工業升級創備一個優良的環境。

（三）促進進口之增加並合理儲備工業原料。

（四）增加農民所得，以逐漸替代現行之補貼政策。

十一時三十二分，見孫院長運璿。

下午

三時三十九分，在府見郝總長柏村。

三時五十六分，見聯勤總部總司令蔣緯國，副總司令邱守圻、鄭本基、戚榮春、參謀長劉明琳、政治作戰部主任孫福龍等六人。

四時二十五分，見警備總部總司令陳守山、副總司令劉戈崙、吉承俠、羅張、參謀長黎奕樑、政治作戰部主任楊亭雲等六人。

四時四十六分，見憲兵司令部司令劉馨敵、副司令施光宗、王文甫、參謀長鄭振墉、政治作戰部主任萬德羣等五人。

五時十分，見海軍陸戰隊司令屠由信、副司令王夏祥、黃瑞光、參謀長宋子廉、政治作戰部主任張靜和等五人。

財經座談指示

一、近月來國內經濟已有復甦現象，惟復甦情況尚未穩定。如何在此國際經濟復甦過程中爭取優勢，加速國內景氣的復甦，應是智慧、毅力與勇氣的最大考驗。深盼所有企業家都能勇敢面對現實，放寬眼界，努力於技術與經營管理的升級，並切實把握當前利率低、租稅優惠的良好時機，踴躍投資，加速國內景氣的復甦，開創我國經濟發展的新機運。

二、在景氣復甦過程中，仍應做好產業結構調整工作。近年來在政府與業者的共同努力下，我國產業結構雖已有了相當改善，惟效果尚不顯著。今後政府各部門應在經濟、科技資訊之提供與行政效率之提高方面多加努力，為工業升級創造一個優良的環境；同時研究並提供新投資機會的資料，加強轉業的訓練等，使各企業調整其結構之工作，得以順利推進。

三、最近數月以來出口業績已恢復增加，且已超過去年水準，但進口仍感緩慢，致出現巨額出超。為長期擴展對外貿易，應同時促進進口之增加，並體認合理儲備工業原料，為增加出口之必需手段；適時進口民生必需物資為穩定物價之基本要件；引進最新機器及科技設備為提高生產力必經之途徑。日前政府所提開放進口之政策，希各有關單位認真研究實施。

四、目前我國農業問題甚多，如稻米生產過剩、未能
　　有效轉作、收購政策未能與計畫生產相配合；又蔬
　　菜、水果之供應不足，為近年來物價波動之主要原
　　因，此不僅影響一般人民之日常生活，且將關係我
　　國農業之前途，應從技術之提升，提高生產力，減
　　低生產成本，增加農民所得，以逐漸替代現行之補
　　貼政策，希望農發會加強研究，擬訂方案推動，以
　　進一步革新我國之農業。

8月10日　星期三

上午

八時二十六分，在中央黨部見蔣秘書長彥士。

九時，主持中常會。

8月11日　星期四

上午

十時，在府接見美國聯邦眾議員佛娜蘿、卡爾、安東
尼、丹尼梅爾、索將德等五人。

8月12日　星期五

【無記載】

8月13日　星期六

下午

三時五十五分，在大直寓所見秦主任委員孝儀。

五時三十分，見沈秘書長昌煥。

8月14日　星期日
下午

四時，在大直寓所見孫院長運璿。

五時，見郝總長柏村。

8月15日　星期一
下午

三時三十八分，至圓山飯店理髮。

四時十七分，在府見秦主任委員孝儀。

五時，接見美國聯邦眾議院多數黨領袖賴特、眾議員法塞爾、舒爾、瑞德、鮑樂特、哈瑪史密特、史密斯等七人。

五時三十二分，見馬秘書長紀壯。

五時四十三分，見宋局長楚瑜。

8月16日　星期二
下午

三時五十六分，在府見郝總長柏村。

四時十七分，見馬秘書長紀壯。

四時三十分，接見美國聯邦眾議員索拉茲，希望其在此行中，本諸親身觀察與體會，對我能有進一步的了解。

8月17日　星期三
上午

八時二十六分，在中央黨部見蔣秘書長彥士。

九時，主持中常會。

十時，見孫院長運璿。

十時三十三分，見秦主任委員孝儀。

下午

五時十八分，在大直寓所見沈秘書長昌煥。

8月18日　星期四

下午

三時五十七分，在府見張副秘書長祖詒。

四時三十分，接見韓國國會副議長尹吉重、議員金志虎、金秉烈等三人。

四時五十二分，見馬秘書長紀壯。

四時五十七分，接見前美國太平洋總司令魏斯納將軍。

五時二十七分，見國防部聯訓部王主任昇。

8月19日　星期五

【無記載】

8月20日　星期六

下午

四時三十七分，在大直寓所見蔣秘書長彥士。

8月21日至22日　星期日至一

【無記載】

8月23日　星期二

下午

三時〇四分，在大直寓所見郝總長柏村。

8月24日　星期三

上午

八時三十三分，在中央黨部見蔣秘書長彥士。

九時，主持中常會。曾發表談話，期勉全體同志以大公無私、大中至正的精神，協助政府辦好選舉，進而結合全國同胞恢宏法治，創造蓬勃祥和的新氣象，開拓中興的運會。

九時四十四分，見孫院長運璿。

十時〇一分，見秦主任委員孝儀。

十時二十三分，至圓山飯店理髮。

主席為關切省立豐原高中禮堂倒塌，造成百餘名學生嚴重傷亡事件，今日上午特派中央黨部副秘書長陳水逢代表前往慰問。

中常會談話

今年立法委員增額選舉，為時已近，本黨候選人提名，各級正在進行評鑑審查。此次選舉，希望確能根據「動員戡亂時期公職人員選舉罷免法」認真辦理，大家在守法、守信、團結和諧的氣氛之中，把國家民主憲政大力向前推進。

本黨自革命開國至今，實無時無刻不在為實踐總理總裁鞏固國權、保障民權之主張，而堅持奮鬥。本黨候

選人之提名，乃是依照政黨政治常軌，而為國家、為地方、為民眾推薦賢能之士，以供選民抉擇。總期黨的提名，既能代表選民的利益和願望，也能不斷結合志士才俊，共同為樹立民主法治的宏規而盡力。

當前世變匪亂，愈趨激化，本黨對於國家社會的責任，亦愈益艱鉅，而在此重要時刻，本黨全體同志，必須益屬奮發圖強的決心，以滿腔赤忱，永遠和民眾在一起，貫徹為國家民族永謀福祉的莊嚴職志。並以大公無私，大中至正的精神，協助政府辦好選舉，進而結合全國同胞，恢宏法治，創造蓬勃祥和的新氣象，開拓中興的運會。

8月25日　星期四
【無記載】

8月26日　星期五
上午
十時四十一分，在大直寓所見孫院長運璿。

下午
三時三十八分，在府見汪顧問道淵。
三時五十分，見朱部長撫松。
四時十九分，見前民航局局長毛瀛初。
四時四十分，見郝總長柏村。

8 月 27 日　星期六

上午

九時五十八分，在府見情報局局長李筱堯。

十時二十六分，見一九七六年諾貝爾物理學獎得主、中央研究院院士丁肇中，對彼獲得學術上最高的榮譽和成就，面予讚揚。並希望其今後能與國內學術界多相連繫，協助國內科學的研究與發展。

十時四十七分，見馬秘書長紀壯。

十時五十五分，見我國旅日圍棋國手林海峯，詢問他在日本生活情形，並對他此次再度奪回本因坊榮銜，感到非常欣慰，特別向他道賀。

十一時十分，見蔣秘書長彥士。

下午

五時三十分，在大直寓所見秦主任委員孝儀。

8 月 28 日　星期日

下午

三時五十八分，在大直寓所見沈秘書長昌煥。

8 月 29 日　星期一

【無記載】

8 月 30 日　星期二

上午

十一時三十六分，在大直寓所見蔣秘書長彥士。

下午

三時五十分，至圓山飯店理髮。

四時三十九分，在府見孫院長運璿。

四時五十五分，見國防部張副部長國英。

五時十分，見大陸救災總會谷理事長正綱。

五時四十六分，見馬秘書長紀壯。

8月31日　星期三

上午

八時三十五分，在中央黨部見嚴常務委員家淦及蔣秘書長彥士。

九時，主持中常會，通過中央提名審核小組所提建議名單，決定推舉李志鵬等五十七人，將輔導依法參加年底增額立法委員選舉。主席對於提名審核小組各委員，在提名審查過程中，就各種情況反覆研討，舉行會議達七次之多，充分做到「知無不言、言無不盡」，具見審核態度的嚴謹，深表佩慰。

十時○三分，見宋局長楚瑜。

十時○七分，見俞總裁國華。

十時二十七分，見臺灣省黨部宋主任委員時選。

下午

四時，在府見臺灣省政府李主席登輝。

五時○七分，見郝總長柏村。

9月1日　星期四
【無記載】

9月2日　星期五
上午

十時，在府接見美國聯邦眾議員藍特及柏頓三人。

十時二十五分，見嚴前總統。

下午

四時二十五分，在大直寓所見沈秘書長昌煥。

五時五十一分，見孫院長運璿。

9月3日　星期六　「九三」軍人節

總統特以書面致詞，向國軍官兵賀節，並向當選今年度的國軍英雄及各類楷模道賀及慰勉，同時勉勵三軍官兵，要精誠團結，協同努力，接受任何挑戰，突破任何困難，確保復興基地安全，進而完成重光大陸的使命。

下午

五時十八分，在大直寓所見秦主任委員孝儀。

國軍英雄楷模及敬軍模範表揚大會書面致詞

宋部長、郝總長轉全體接受表揚的各位英雄、模範：

今天是一年一度的軍人節，也是值得國人驕傲的抗戰勝利紀念日，經國在此特向三軍袍澤賀節，並對榮獲表揚的各位同志和各位先生表示敬意和慰勉。

　　大家知道，「九三」這個榮耀光輝的日子得來不易，它是我們的革命領袖先總統蔣公領導全國軍民同胞奮戰獲得的，是用多少珍貴的性命和鮮血凝聚成功的。它不但代表了我抗日戰爭的勝利果實，也象徵了中華民族屹立不屈犧牲奮鬥的精神。作為一個中國人，尤其是一個中華民國的革命軍人，都應該牢牢記著它的重大意義，時時刻刻鞭策自己，為發揚抗戰精神而對國家民族作更大更多的貢獻。

　　今天接受表揚的有國軍英雄、莒光連隊長、莒光楷模、軍法楷模、優秀互助組長、以及敬軍模範等一百六十餘人。在各個不同崗位上，都有傑出的貢獻，都是表率群倫的典範；也正是大家的共同努力，才更加強了國軍的戰力，更親密了軍民的關係，經國要藉今天這個機會再次向各位表示嘉勉之意。

　　我們軍民關係之密切與融洽，可以說是我國特有的一種風尚和美德。國軍官兵有了辛勞和榮譽，全國民眾就會掀起熱烈的敬軍行動；民眾有了災難需要支援的時候，國軍官兵就會挺身而出，全力救助，這種良好的軍民關係，不但顯示了堅強的團結精神，也產生了厚實的總體力量。因此，我們不但要把這種風尚，這種美德保持下去；而且要繼續發揚光大。

　　三十多年來，由於全國軍民共同努力實踐三民主義，已經把臺澎金馬復興基地建設成為一個富強康樂的境域，與中國大陸在共產暴政下的貧窮落後相比較，顯然形成了天壤之別，這一鐵的事實，已經不是任何狡辯所能掩飾，因此，大陸同胞已經到了人人都唾棄共產暴

政，人人都嚮往三民主義的地步。就像最近先後駕機投
奔自由的吳榮根與孫天勤，奪機成功的卓長仁等六義
士，以及利用各種機會與各種方法相繼投奔自由的許多
人士，都是最有力的見證。

　　不過共匪為了挽救它注定敗亡的命運，目前正對我
們展開更惡毒的統戰陰謀。因此，經國今天願意在這裡
重申今年六月七日我在主持軍事會議時所告訴大家的，
那就是：在此國家多難、世局多變、共匪謀我日亟之
時，必須三軍一體、官兵一心、精誠團結、協同努力，
加深敵情觀念，提高憂患意識，做好萬全準備，接受任
何挑戰，突破任何艱難，來確保復興基地安全，進而完
成重光大陸的使命。謝謝大家，祝大家精神愉快，身體
健康，革命事業勝利成功！

9 月 4 日　星期日
下午
四時二十二分，在大直寓所見蔣秘書長彥士。

9 月 5 日　星期一
上午
九時五十二分，在府見宋局長楚瑜。
九時五十八分，接見美國聯邦參議員海契及左林斯
基等。
十時四十二分，見馬秘書長紀壯。

總統日前接到韓國大統領全斗煥之來電，對於因韓航事

件致我國乘客多人罹難事，表示哀悼之意。特於今日電
覆全大統領，表示謝意。並且指出，蘇俄軍機擊落韓國
民航機事件，舉世震驚憤怒，此種暴行是罔顧國際法及
國際慣例且極不人道之野蠻行為，應受國際社會最嚴厲
之共同譴責與制裁。

9月6日　星期二
下午

三時四十五分，至圓山飯店理髮。

四時三十分，在府見汪顧問道淵。

四時四十五分，見空軍郭總司令汝霖。

9月7日至8日　星期三至四
【無記載】

9月9日　星期五
下午

三時五十九分，在大直寓所見沈秘書長昌煥。

9月10日　星期六
上午

十時二十五分，在府見張副秘書長祖詒。

十時五十九分，見馬秘書長紀壯及朱部長撫松。

今日頒發賀詞，給為紀念利馬竇神父來華四百週年舉辦
之「中西文化交流國際學術會議」，勉勵與會學者藉著

回憶過去，進一步為現在與未來的中西文化交流，提供完美藍圖與光明遠景。

中西文化交流國際學術會議賀詞

今年欣逢義大利籍耶穌會士利瑪竇神父來華四百週年紀念，輔仁大學、國史館、故宮博物院和中央研究院等教育學術機構共同發起在今天舉行「中西文化交流國際學術會議」，意義至為深遠。

回顧過去的四百年，從西元一五八三年利瑪竇來華開始，中西文化的交流，在中國歷史上，可以說是最重要的一段時期。利瑪竇在中國定居了二十八年，西方文化藉著他的介紹而得以適當引進；同時，他研究中國的儒家經典，特別禮敬孔子，從而贏得當時中國士人的普遍尊重，其中尤以徐光啟、李之藻等人為最。他們於努力學習西方科技並接納天主教的信仰之外，更指出中西文化的交流，不只在表面的溝通，更重要的是內在精神能夠實質溶合，如此相互擇善固執，精益求精，當不難創造出一個超高的文化形態。緬懷先哲這種坦蕩的胸襟和博愛濟世的精神，不但充份發揮了人性的光輝，且使東西文化昇華到水乳交融的境地，彌足稱道。

在利瑪竇來華四百年後的今天，科學與技術的進步，資訊與交通的發達，已非當年所能想像，然而盱衡世局，人類生活的缺憾與痛苦，仍然到處可見；共產主義邪說的毒焰正蔓延滋長，撫今思昔，凡足以指導人類行為與滋潤心靈的人文思想與宗教精神，當可替人類指出一條光明大道。中國儒家的仁義與忠恕的思想，以及

基督教的博愛精神，仍為今日人類所必需。因此，經國
衷心期望本次會議，能藉著回顧過去，進一步更為現
在與未來的中西文化交流，提供完美的藍圖與光明的
遠景。

9月11日　星期日
下午

四時四十分，在大直寓所見秦主任委員孝儀。

9月12日　星期一
下午

二時三十六分，至圓山飯店理髮。

三時二十四分，在府見國防部長張副部長國英。

三時五十四分，接見日本輸入促進團團長安西浩、特別
顧問藤尾正行（眾議員）、佐藤信二（眾議員）、西山
昭（交流協會理事長）以及原富士男（交流協會臺北事
務所所長）等五人。期望他們在此行之後，繼續本平等
互惠原則，共同研訂出長期改善的方案，使平衡中日貿
易的巨額逆差，確有顯著的成果可見。

四時二十四分，見經濟部趙部長耀東。

9月13日　星期二
下午

三時四十分，在府見郝總長柏村。

四時，見反共義士孫天勤，對其駕機來歸所表現的智
慧、勇敢和決心，表示稱許。並勉其注意進修，充實學

能，鍛鍊身體，以備好好報效國家。

四時二十七分，見孫院長運璿。

9 月 14 日　星期三

今日發布明令，特派林金生為中華民國慶賀聖克里斯多福國獨立典禮特使。

上午

八時二十六分，在中央黨部見蔣秘書長彥士。

九時，主持中常會。

九時四十二分，見國民大會何秘書長宜武。

十時，見臺北市黨部關主任委員中。

十時十一分，見高雄市黨部吳主任委員挽瀾。

下午

五時〇六分，在大直寓所見沈秘書長昌煥。

9 月 15 日　星期四

下午

四時三十五分，在府見外交部朱部長撫松。

四時四十九分，見俞總裁國華。

9 月 16 日　星期五

下午

四時〇二分，在府見汪顧問道淵。

四時二十二分，見秦主任委員孝儀。

四時四十分，見馬秘書長紀壯。

四時五十九分，見聯勤蔣總司令緯國。

9月17日　星期六

下午

三時五十五分，在大直寓所見孫院長運璿。

9月18日　星期日

下午

四時十六分，在大直寓所見蔣秘書長彥士。

9月19日　星期一

下午

三時四十分，至圓山飯店理髮。

四時三十三分，在府見朱部長撫松。

四時四十四分，見汪顧問道淵。

五時十分，見朱部長長志。

9月20日　星期二

上午

十時，在府主持軍事會談。

9月21日　星期三　中秋節

上午

十一時四十八分，偕同夫人至慈湖，恭謁蔣公陵寢，以
表達孝思；並與家人在慈湖一同會餐後離去。

下午

八時〇五分，在大直寓所見秦主任委員孝儀。

9 月 22 日　星期四

下午

四時十五分，在府見馬秘書長紀壯。

四時三十四分，見交通部毛顧問瀛初。

四時五十九分，見汪顧問道淵。

9 月 23 日　星期五

【無記載】

9 月 24 日　星期六

下午

五時〇二分，在大直寓所見蔣秘書長彥士。

9 月 25 日　星期日

下午

三時五十四分，在大直寓所見沈秘書長昌煥。

9 月 26 日　星期一

下午

三時二十六分，至圓山飯店理髮。

四時〇五分，在府見秦主任委員孝儀。

四時二十分，見郝總長柏村。

9月27日　星期二

上午

九時五十一分，在大直寓所接見美國在臺協會主席丁
大衛。

下午

三時四十四分，在府見郝總長柏村。

三時五十四分，見張副秘書長祖詒。

五時〇九分，見沈秘書長昌煥。

9月28日　星期三　至聖先師孔子誕辰暨教師節

特以書面賀詞，勉勵全國教師都能效法孔子弘道淑世的
精神、撥亂反正的志節，加強教育工作，促進國家建
設，完成以三民主義統一中國的時代使命。

教師節書面賀詞

全體教師同仁們：

今天是至聖先師孔子的誕辰，也是教師節。各位終
年辛勞，為國育才，首先我要藉此機會表示深摯的感謝
和敬佩之意。

孔子是我國最偉大的教育家，政府明定孔子誕辰為
教師節，乃是對教師的特別尊重，希望教師們都能效法
孔子，對於社會國家作重大的貢獻。

孔子思想的中心是一個「仁」字，他的教育理想也
在培養知仁、行仁的完整人格。所以教師的首要任務，
便是教導學生做好一個人。先總統蔣公曾指示，教育學

生要成為一個愛國家愛同胞、合群服務、負責守紀、足以表現中華民族道德文化、堂堂正正的中國人,這與孔子的教育理想完全吻合。尤其今天共匪竊據大陸、倒行逆施、企圖全面摧毀中華文化,教師的責任,更要引導青少年體認中華民族文化的精深博大、恢宏孔孟學說的義蘊、接受承繼一貫道統的三民主義文化,來實現至善至美的教育目標。

教育界同仁為教育工作而奉獻犧牲,可歌可泣的事蹟極多。過去我曾指出,全國教師們在平凡、平實、平淡的偉大情操中,為培育下一代而發揮愛心、耐心,是國家進步的動力。而今由於這個動力,促使我們經濟快速發展,民主政治大步邁進,社會安定祥和,為我們復國建國工作奠定結實的基礎。

國際情勢和大陸情況不斷在變化,我們的責任也日益加重。「士不可以不弘毅,任重而道遠」,我深望每位教師都能效法孔子弘道淑世的精神,撥亂反正的志節,加強教育工作,促進國家建設,在「三民主義統一中國」的大目標下,完成我們時代的使命。

敬祝諸位佳節愉快!

9月29日　星期四

下午

三時三十七分,在府見宋部長長志。

三時五十八分,接見哥斯大黎加共和國第二副總統阿拉烏斯。

四時十一分,見朱部長撫松。

四時二十六分，見馬秘書長紀壯。

四時四十五分，見沈秘書長昌煥。

9月30日　星期五

上午

九時十分，在中央黨部見蔣秘書長彥士。

九時二十五分，見陳資政立夫。

十時〇八分，見蔣秘書長彥士。

下午

四時三十二分，在府見張副秘書長祖詒。

10 月 1 日　星期六
【無記載】

10 月 2 日　星期日
中央研究院院長錢思亮之喪，定明日公祭安葬。總統特
頒褒揚令，以表彰其一生作育英才、弘揚學術之貢獻。
同時並頒贈「學術勳隆」輓額，以示悼念。

下午
三時五十八分，在大直寓所見俞總裁國華。
五時○六分，見秦主任委員孝儀。

10 月 3 日　星期一
下午
三時五十九分，至圓山飯店理髮。
四時五十三分，在府見馬秘書長紀壯。
五時二十分，見沈秘書長昌煥。

10 月 4 日　星期二
上午
九時十分，在府見北美事務協調委員會駐美辦事處代表
錢復。

10 月 5 日　星期三
上午
八時二十三分，在中央黨部見蔣秘書長彥士。

九時，主持中常會。

十時四十三分，見孫院長運璿。

10月6日　星期四
下午

四時十分，巡視府內介壽堂等處。

四時二十二分，見馬秘書長紀壯。

四時三十九分，見郝總長柏村。

五時二十三分，見秦主任委員孝儀。

10月7日　星期五
下午

三時三十四分，在府見汪顧問道淵。

三時五十五分，接見美國輸出委員會副主席陳香梅
女士。

四時十七分，見馬秘書長紀壯。

10月8日　星期六
【無記載】

10月9日　星期日
上午

九時五十七分，至圓山飯店理髮。

10月10日　星期一
今日發表中華民國七十二年國慶祝詞，勉海內外同胞掌

握機勢，集中力量，把三民主義仁政建設推向大陸，早
日解救苦難中的同胞。

上午

八時四十五分，在府見郝總長柏村。

九時，在府內大禮堂主持中樞慶祝中華民國七十二年國
慶典禮，並親自宣示祝詞。

九時十五分，見汪顧問道淵。

九時二十分起，接見訪華外賓、外交使節團以及外國駐
華機構代表七十六人，接受他們對中華民國建國七十二
年國慶的祝賀。

十時二十二分，蒞臨國慶大會會場，並致詞昭示海內外
同胞，有共黨極權，就沒有民主自由；要保衛民主憲
政，就必須反共到底。而我們也深信，只要我們堅定地
站在正義的一邊，最後勝利必屬於我們。

十時三十一分，見孫院長運璿。

十時四十一分，見秦主任委員孝儀。

下午

四時，在大直寓所見沈秘書長昌煥。

今日適為百歲老兵張金餘生日，特致贈壽屏、壽酒、電
毯等，囑輔導會鄭主任委員為元代表送往板橋榮民之
家，以賀其壽。

國慶祝詞

辛亥革命喚起了中華民族的覺醒，從此推覆專制，創建共和。因之，雙十節是中國獨立的號角，是中國自由的標誌。我們今日慶祝國慶，不僅是為了紀念這一偉大光輝的日子，更是昭告世界，我們正向反共復國勝利成功之路邁進。

中華民國立國以來，一直朝著一個目標──建設一個民有、民治、民享的現代國家──在努力、在奮鬥、在作戰，過程雖然是困難、艱苦、甚至辛酸的，但我們以無比的信心和毅力，迎接一切挑戰，掃除一切障礙，達成每一階段的建國任務。中華民國永遠是個堅強的國家、勇敢的國家，再大的險阻，擋不住我們的意志和決心，來使三民主義的理想實現於全國、弘揚於世界。

國父領導國民革命，百折不撓，始終一秉大無畏的精神和「有志竟成」的至理，所以雖經十次失敗，再接再厲，終底於成。先總統蔣公為了國家的獨立、自由與平等，畢生對抗強敵，消除國賊，一以貫之的維護了中華民族的尊嚴，實踐了民主憲政，改善了人民的生活福祉，所憑藉的也是那份力行不懈的決心和必勝必成的信念。我們深知，信心的堅定和固執，就是衝破任何艱危困難的精神力量，中華民國就具有充足的這份力量。

共匪叛亂禍國，扭曲了時代的趨向，滯緩了我們的建國理想，但也更加奮發了我們反共救國的精神志節，強固了三民主義必定戰勝共產主義的信念。因為事實已經明白證驗，全世界也都看到，邪暴乖謬的共產制度帶給中國大陸人民的只是貧窮與痛苦、奴役與迫害；而三

民主義順天應人的治國方針，在復興基地光芒萬丈，成了全體中國人希望的燈塔。不論共匪施展怎樣的統戰花招，突破不了這一優劣形勢的強烈對比，也決逃不過最後敗亡的命運。

今天所有生活在自由幸福裡的海內外中華兒女們都很清楚，大陸億萬同胞個個和我們骨肉相連，手足相關，不容我們隔岸觀火。因之，我們必須掌握機勢，迅速行動，集中力量，把三民主義仁政建設推向大陸，早日解救苦難中的同胞，讓青天白日的光輝，普照大地。而最重要的則是：反共鬥爭，必須堅持到底，不與敵人妥協，便是我們勝利的保證！

讓我們大家團結在一起，奮鬥在一起，同為完成「以三民主義統一中國」的時代使命而努力。也讓我們一齊高呼：三民主義萬歲！中華民國萬歲！

國慶大會致詞

親愛的父老兄弟姊妹們、以及海外歸國的僑胞們！

七十二年前的今天，辛亥革命成功，中華民國誕生，這是本世紀中一件轟轟烈烈的大事，是我們國家進入民主時代的起步。我們紀念這光榮偉大的國慶日，決不能忘了開國的艱難，更要記得國父所說：國民革命的目的，在求中國之自由平等，大家應當齊心協力，繼續奮鬥，發揚光大。

民國以來，國家雖然一直都在憂患之中，但是我們始終為堅持公理，為維護正義，從不向強權低頭，從不向敵人屈服。如今我們依舊昂然挺立於自由世界，站在

反共的最前哨，對邪惡的共產主義作長期的戰鬥。因為
我們深知，有共黨極權，就沒有民主自由，要保衛民主
憲政，就必須反共到底。而我們也深信，只要我們堅定
地站在正義的一邊，最後勝利必屬我們。

感謝全國軍民同胞們，長年辛勤的協助政府，推動
國家建設，使復興基地一年比一年茁壯強大，讓我們有
足夠的力量來贏取勝利。

歡迎從全球各地歸來參加國慶的僑胞們，唯有全僑
的支持，四海同心，團結在以三民主義統一中國的號召
下，同為復興中華民族與文化，作積極的貢獻，中國才
能真正得到自由與平等。

我們知道，今日中華民國國慶，凡有中國人的地
方，不論海內海外，都在熱烈慶祝。而最重要的，即使
陷身共匪暴政下的大陸苦難同胞，心中嚮往自由，也必
都在默默祈禱，青天白日的光輝，重新能為他們照耀。
讓我們一心一德，共同奮發圖強，來實踐先總統蔣公的
遺囑，完成三民主義統一中國的任務。也讓我們齊聲高
呼：三民主義萬歲！中華民國萬歲！

10 月 11 日　星期二

下午

三時四十五分，在府見外交部朱部長撫松。

三時四十八分，見馬秘書長紀壯。

四時，接見聖克里斯多福國總理賽孟滋暨該國駐聯合
國大使赫伯特等二人，認為中聖兩國建交，值得共同
祝賀。

四時十七分，見僑務委員會毛委員長松平。

四時三十二分，見郝總長柏村。

10 月 12 日 星期三

上午

八時四十二分，在中央黨部見蔣秘書長彥士。

九時，主持中常會。

九時五十九分，見嚴常委家淦。

10 月 13 日 星期四

亞洲太平洋國會議員聯合會第十九屆大會開幕典禮，今日上午在臺北市圓山飯店舉行，總統特頒書面賀詞，呼籲亞太自由國家團結合作，遏止共黨侵略擴張，俾確保世界和平與人類幸福。

下午

三時四十五分，在府見馬秘書長紀壯。

四時十五分，見張副秘書長祖詒。

五時三十八分，在大直寓所見秦主任委員孝儀。

亞洲太平洋國會議員聯合會第十九屆大會
開幕典禮書面賀詞

　　欣逢貴會第十九屆大會在我國舉行，亞太各國國會俊彥濟濟一堂，共同為貫徹貴會之崇高理想，維護亞太地區和平繁榮與民主自由而努力，深具時代意義，本人謹代表中華民國政府與人民申致敬佩與歡迎之意。

溯自中國大陸淪入共產鐵幕之後，繼之以韓戰、越戰的爆發，中南半島的變色，以及中東、中美洲與非洲的動亂，三十年來世局迄無寧日，追本溯源，皆為共黨侵略滲透顛覆所造成。最近蘇俄擊落韓航客機之野蠻事件，民主各國皆同聲譴責；而包括中共在內之共產國家反竟默許其罪行，凡此益足證明共產集團罔顧國際法則、蔑視公理正義、侵略成性之本質。我自由民主國家，允宜明察共產制度與民主法治不能並存，認清共黨好亂成性、赤化世界之野心，積極予以有效遏止其侵略之擴張，俾確保世界之永久和平與人類的自由幸福。

我亞太地區民族，向即秉持東方傳統文化，崇尚道義，愛好和平，值此世局前途繫於亞太地區安定繁榮之關鍵時刻，尚冀亞太自由國家團結合作，振發道德勇氣，共同為世界的自由和平而致力，本人於此謹致殷切之期望與誠摯的賀忱，並祝大會圓滿成功。

10月14日　星期五

下午

三時五十四分，在府接見美國阿拉巴馬州州長華理士，讚佩其堅持反共之立場，並曾就中美關係，廣泛地交換意見。

四時十一分，見馬秘書長紀壯。

10月15日　星期六

【無記載】

10 月 16 日　星期日
下午

四時十三分，在大直寓所見蔣秘書長彥士。

10 月 17 日　星期一
【無記載】

10 月 18 日　星期二
下午

五時三十分，在大直寓所見蔣秘書長彥士。

10 月 19 日　星期三
上午

八時十四分，在中央黨部見蔣秘書長彥士。

九時，主持中常會。於聽取國民大會第七次會議中央有關專案小組總召集人嚴常務委員家淦對修訂臨時條款原則暨充實中央民意代表機構問題研討結論報告後表示：充實中央民意代表機構，應仍依照現行臨時條款辦理，有關擴大遴選範圍之意見不宜考慮，這一研究結論重要確當。期望國民大會代表同志，能夠本著為民主憲政奮鬥不懈的方向，繼續貫徹。此外，在聽取大陸工作會主管同志對「當前匪黨整黨運動的剖析」報告後，並提示有關單位，密切注視共匪「整黨」的惡毒陰謀與活動，因為此一運動實際就是另一形態的鬥爭，而必然加大加深大陸同胞的痛苦。

十時二十分，見孫院長運璿。

十時三十五分，見宋部長長志。

十時五十六分，見秦主任委員孝儀。

下午

三時五十六分，至圓山飯店理髮。

四時四十二分，在府見沈秘書長昌煥。

五時四十六分，見蔣秘書長彥士。

七時五十分，在大直寓所見臺灣省黨部宋主任委員時選。

10月20日　星期四

明天為華僑節，特頒贈書面賀詞，期勉海內外同胞繼續精誠團結，將「以三民主義統一中國」的時代巨流和大陸同胞爭自由、反共產的英勇戰鬥結合起來，早日推翻匪偽政權，使大陸苦難同胞，共享三民主義建設的福祉。

下午

五時〇五分，在大直寓所見蔣秘書長彥士。

六時十六分，偕同夫人至士林官邸，為紀念先總統蔣公九秩晉七農曆誕辰，與家人在此會餐，藉申追慕之忱。（今為農曆九月十五日）

第三十一屆華僑節大會書面賀詞

　　今天欣逢第三十一屆華僑節，回顧僑胞在我中華民國開國以來的艱辛奮鬥中，始終同心同德、出錢出力，

支持政府建國大業，益加體認到國父所說「華僑為革命之母」的偉大意義，特向歸國與會的各位僑胞代表及全球僑胞敬致欽佩及慰問之意。

近年共匪在國際間製造和平統一假象，對僑社施展統戰分化伎倆，企圖孤立我中華民國，阻撓我「以三民主義統一中國」的進展。幸而海外同胞均能深明大義，堅決站在海外反共第一線，打擊共匪陰謀，作不屈不撓的鬥爭，深使復興基地軍民與大陸同胞同感鼓舞。

今天復興基地三民主義建設的成果，構成了臺灣海峽兩岸自由與奴役、民主與極權、繁榮與貧窮的尖銳對比，也在大陸同胞心中播下了唾棄共產暴政的種子。吳榮根、孫天勤義士駕機反正，卓長仁等奪機來歸，以及鐵幕內外絡繹不絕的投奔自由事件，皆是共匪暴政必亡的最好見證。深望海內外同胞繼續精誠團結，將「三民主義統一中國」的時代巨流和大陸同胞爭自由、反共產的英勇戰鬥結合起來，早日推翻匪偽暴政，使苦難的大陸同胞共享三民主義建設的福祉。

敬祝佳節愉快，大會成功。

10 月 21 日　星期五

下午

三時〇二分，在府見馬秘書長紀壯。

三時二十分，見行政院駐美採購團主任溫哈熊。

三時四十九分，見郝總長柏村。

四時，主持軍事會談。

四時五十五分，見孫院長運璿。

五時二十三分，見馬秘書長紀壯。

10 月 22 日　星期六
上午
十時二十五分，在府見馬秘書長紀壯。
十時五十五分，見劉戰略顧問安祺。
十一時三十分，見沈秘書長昌煥。

下午
五時三十六分，在大直寓所見蔣秘書長彥士。

10 月 23 日　星期日
【無記載】

10 月 24 日　星期一
今日發布明令，特任吳大猷為中央研究院院長。

上午
九時二十五分，至榮民總醫院作體格檢查。

今為臺灣光復節前夕，曾分別致函臺灣省政府李主席登輝、臺北市政府楊市長金欉、高雄市政府許市長水德，嘉許其一年來建設地方之績效，並囑代向民眾們表示祝福之意。

今夕發表談話，向全國民眾祝賀光復節，並勉勵大家不

但要珍惜多年來辛勤耕耘的成果，更要繼往開來，發揚光大，使明年更比今年好，下一代更比這一代好，而為中華民國創造更光明美好的前途。

光復節談話

親愛的父老兄弟姊妹們：

大家好！今天是臺灣光復三十八週年紀念日的前夕，經國內心十分高興，首先要向大家問好，祝你們平安快樂、身體健康、事業進步。

臺灣光復節不僅對臺灣同胞是一個驕傲的節日，也是全體中國人重振民族自尊而感到光榮的日子。因之，從臺灣光復那天開始，政府就已確定了目標，決心要建設臺灣成為一個自由、民主與法治的地方，使臺灣同胞在祖國的懷抱中，得到幸福與康樂。

如今臺灣更是反共復國的中興基地，感謝全體同胞對政府的信任與支持，在大家精誠合作、堅苦奮鬥之下，力行三民主義，樹立了安定、繁榮、均富、樂利的社會模式，進一步使臺灣成為所有中國人的希望，而為未來光復大陸開拓了勝利成功的道路。

但是，親愛的同胞們，通往成功的道路，從來沒有捷徑，也不是平坦的。今天無可諱言，我們過著豐衣足食、安居樂業的生活，而橫在我們前面的，仍有許多障礙，有待我們去努力克服。因之，我們不能以現狀為滿足，必須繼續求進求新，也就是說，我們不但要珍惜多年來辛勤耕耘的成果，更要繼往開來，發揚光大，使明年更比今年好，下一代更比這一代好，而為中華民國創

造更光明美好的前途！

臺灣光復的意義，在中國歷史上無比深遠。我們紀念這一日子，唯有堅決的維護民主憲政，確保自由與法治；當然還要積極加強發展各種建設，來充實國家力量。經國相信，大家都有同樣的信心，只要我們更加團結，更加努力，臺灣復興基地的成就，必將更加光芒萬丈，同時也就必能以光復臺灣的精神來光復大陸，早日完成三民主義統一中國的任務。

讓我在此再一次衷心祝福每一位同胞健康愉快，每一家庭事事如意，也祝福我們的國家國運昌隆！

謝謝各位。

10月25日　星期二
下午

三時三十分，自榮民總醫院返大直寓所。

10月26日　星期三
上午

八時二十四分，在中央黨部見吳副秘書長俊才。

八時三十八分，見青年工作會張主任豫生。

九時，主持中常會。

十時〇二分，見臺北市黨部關主任委員中。

10月27日　星期四
下午

四時十分，在府見馬秘書長紀壯。

四時三十分，見宋部長長志。

四時五十七分，巡視介壽堂。

10 月 28 日　星期五
下午

四時〇九分，蒞府處理公務。

10 月 29 日　星期六
下午

四時十分，至圓山飯店理髮。

五時十五分，在大直寓所見秦主任委員孝儀。

10 月 30 日　星期日
下午

三時五十五分，在大直寓所見沈秘書長昌煥。

10 月 31 日　星期一
上午

九時，在府內大禮堂主持中樞紀念先總統蔣公九秩晉七誕辰大會，由行政院院長孫運璿報告「蔣公的遠見與信心是建國的精神標竿」。

十時四十五分，率同嚴前總統家淦、謝副總統東閔、五院院長等十五位黨政軍代表抵達慈湖，恭謁先總統蔣公陵寢，獻花致敬。總統在慈湖道上，曾數次下車和恭謁蔣公陵寢的民眾們招呼，民眾們亦紛向總統問好。

11月1日　星期二

下午

三時二十七分，在府見宋部長長志。

三時五十五分，見中央研究院新任院長吳大猷，期盼其提昇研究水準，為國家整體學術開拓遠大前途。

四時三十九分，見張副秘書長祖詒。

五時十分，見馬秘書長紀壯。

11月2日　星期三

上午

八時三十三分，在中央黨部見蔣秘書長彥士。

九時，主持中常會。

十時○二分，見孫部長運璿。

十時三十六分，見朱部長撫松。

十一時二十五分，新任中央研究院院長吳大猷在府舉行宣誓，總統親臨主持監誓。

下午

四時五十分，在大直寓所見臺灣省黨部宋主任委員時選。

11月3日　星期四

下午

三時四十分，在府見郝總長柏村。

四時○八分，見新任駐巴拉圭大使王昇。

四時四十分，見新任駐多明尼加大使王孟顯。

四時五十五分，見汪顧問道淵。

五時十九分，見馬秘書長紀壯。

11 月 4 日　星期五

下午

四時十四分，在府見宋部長長志。

四時三十四分，見秦主任委員孝儀。

五時十一分，見馬秘書長紀壯。

11 月 5 日　星期六

上午

十一時，在府接見多明尼加共和國眾議院議長杜連
迪諾。

十一時二十五分，新任駐巴拉圭大使王昇及駐多明尼加
大使王孟顯舉行宣誓，總統親臨主持監誓。

十一時二十七分，見孫院長運璿、馬秘書長紀壯、外交
部朱部長撫松。

下午

四時二十分，偕同夫人自大直寓所至關渡大橋散步。對
這座由國人自己設計及建築完成的鋼繫拱橋，將能增進
地方上的交通、繁榮和發展，感到非常高興和欣慰。

11 月 6 日　星期日

國際青年商會第三十八屆世界大會，今起在臺北市召
開，總統特頒書面賀詞，稱許青商會訓練自己、服務人

群之宗旨及其所作之貢獻，並期盼本屆大會，能為增進
人類福祉，再造佳績。

下午

三時五十二分，在大直寓所見沈秘書長昌煥。

國際青年商會第三十八屆世界大會書面賀詞

國際青年商會一九八三年第三十八屆世界大會代表諸君
公鑒：

欣逢貴會在我國舉行第三十八屆世界大會，本人特
代表中華民國政府與人民，向遠道蒞會的嘉賓敬致歡迎
之忱。

國際青年商會集結自由世界各國的菁英，訓練自
己、服務人群，其於促進人類經濟共榮、國際文化交流
及世界和平所作的卓越貢獻，殊堪嘉佩！

此次大會揭櫫「善用人力資源，促進全球進步」的
目標，極具意義。深盼大會研討具體方案，貫徹履踐，
為增進人類福祉再造佳績；並望諸君就此次來華與會之
便，更增進對中華民國的認識與了解。敬祝諸君健康快
樂，大會圓滿成功。

中華民國總統蔣經國

11月7日　星期一

下午

三時四十八分，至圓山飯店理髮。

四時四十分，在府見蔣秘書長彥士。

五時〇八分，見馬秘書長紀壯。

11 月 8 日　星期二
【無記載】

11 月 9 日　星期三
上午

八時二十九分，在中央黨部見蔣秘書長彥士。

九時，主持中常會。

九時三十四分，見嚴常務委員家淦。

十時五十五分，在府接見國際青年商會世界總會主席彼德森、秘書長唐藍哥等六人，曾對他們致力於開展青商會務的卓著貢獻，申致讚揚。

十一時十九分，見馬秘書長紀壯。

11 月 10 日　星期四
下午

四時五十分，在大直寓所見俞總裁國華。

11 月 11 日　星期五
今天陸海空三軍官校和政戰學校舉行聯合畢業典禮，特以書面致詞勉勵畢業同學，要立大志向、下大決心、負大責任、創大事業，為貫徹反共復國的革命全程而奮力以赴，為達成三民主義統一中國的時代使命而勇往邁進。

陸海空軍官學校政治作戰學校七十二年應屆畢業生聯合畢業典禮書面致詞

各位同學：

今天陸海空三軍官校和政戰學校舉行聯合畢業典禮，各位畢業同學，經過了四年的文武合一革命教育，今天學有所成，不僅成為一位現代的國軍軍官，加入了革命的戰鬥行列，同時也獲得學士的學位，即將獻身於國防建設的基本隊伍，允文允武，可喜可賀。對於各位家長替國家培養了一位優秀的軍官，也為家庭造就了一位有用的青年，更是值得歡慶。同時對各位辛勤的教職官們，也在此表示慰勉。

各位同學即將走向各自的工作崗位，發展自己的抱負，開拓光明的前途，貢獻個人的所學，為國民革命的大業而奮鬥努力。從今天起，我們國民革命軍又增加了一批優秀的新夥伴、新血輪，經國也感到非常高興，在今天大家畢業的時候，提出幾點意見，來勉勵大家。

第一、要立大志向。一個人的事業成功與失敗，其關鍵在於能否立志，有無一生的中心目標。也就是說，要立定一個自己努力的方向，並朝此方向奮鬥不懈。領袖蔣公曾說：「無論古今中外，凡是成大事的人，必先要立大志。立了大志，方能做大事，成大業，立大功。」從領袖的訓示中，可知立志的重要。各位獻身革命，必須立定救國救民的大志，志之所向，義無反顧，才能貢獻社會，建設國家，復興民族。

第二、要下大決心。革命軍人要有決心，才能奮勇前進。但革命軍人的決心，不是血氣之勇，亦非無知之

勇，乃是有主義、有目的、明生死的大勇。領袖蔣公曾說：「軍人應以不成功即成仁之決心，來做救國救民之驚天動地的革命事業。」身為革命軍人，必須抱定「有敵無我，有我無敵」的大決心，徹底奉行命令，誓死達成任務，則無不可克服的困難，無不可戰勝的敵人。

第三、要負大責任。天下惟有能負責的人，才能有擔當、有作為。革命者必須具有負責的精神，才能不辭勞怨，勇於任事。領袖蔣公曾說：「國家的興亡，乃我軍人之責。」做為一個中華民國的革命軍人，必須以天下為己任，盡到做軍人的一切要求，才能對自己負責，對歷史負責，對國家民族負責。

第四、要創大事業。革命事業不是普通平凡的事業，而是最光榮、最神聖的大事業。革命的歷程愈艱苦，則其成功愈偉大、愈徹底。領袖蔣公曾說：「我們革命是順乎天理、應乎人心，而為中國國民有志救國者所應共同擔負的大事業。」各位即將成為國軍的新生力量，必須時刻牢記領袖的訓示，切實體會革命乃是最真實的人生，堅定志節，自強不息，開創轟轟烈烈、千秋萬世的革命大業。

親愛的同學們！今天大家畢業了，但這只是一個學校教育階段的結束，卻是另一階段在職教育的開始，在各位即將步入國軍行列的時候，我懇切的希望你們要立大志向，下大決心，負大責任，創大事業，為貫徹反共復國的革命全程而奮力以赴！為達成三民主義統一中國的時代使命而勇往邁進！

祝福大家身體健康，事業成功！

11月12日　星期六

上午

八時十五分，至圓山飯店理髮。

九時三十四分，在府見郝總長柏村。

十時，在府內大禮堂主持中樞紀念國父誕辰暨慶祝中華文化復興節大會，由國史館館長黃季陸以「紀念國父演講三民主義十六講六十年」為題，作專題報告。

下午

四時〇五分，在大直寓所見沈秘書長昌煥。

11月13日　星期日

下午

三時五十分，在大直寓所見孫院長運璿。

11月14日至15日　星期一至二

【無記載】

11月16日　星期三

下午

二時〇九分，至榮民總醫院作體格檢查。

11月17日至18日　星期四至五

【無記載】

11 月 19 日　星期六

今為亞洲蔬菜研究發展中心成立十週年，特頒書面賀
詞，讚揚其致力於熱帶地區蔬菜改良之研究成效卓著；
並希百尺竿頭，持續努力，發展新科技，以造福人群。

亞洲蔬菜研究發展中心成立十週年
慶祝大會書面賀詞

　　亞洲蔬菜研究發展中心於民國六十二年在我國成立
以來，致力於熱帶地區蔬菜改良之研究，十年於茲，成
效卓著，培育成功之耐熱蔬菜品種，廣受數十國家之利
用與推廣，對各國改善國民營養之貢獻與年俱增，亞蔬
中心各會員國之經費支援與歷任首長之領導，各國專家
之辛勤研究，功不可沒，良深感佩。

　　欣逢貴中心成立十週年紀念，特申賀忱。至希百尺
竿頭，持續努力，發展新科技，造福人群。

11 月 20 日　星期日

【無記載】

11 月 21 日　星期一

下午

三時五十七分，在大直寓所見俞總裁國華。

11 月 22 日　星期二

下午

三時十九分，至圓山飯店理髮。

三時五十七分，在府接見任滿回國前來辭行之南非共和國駐華大使伏斯特，對彼在使華四年期間，促使中斐兩國合作關係之增進與發展，表示讚揚。

四時十分，見馬秘書長紀壯。

四時二十八分，見郝總長柏村。

四時四十五分，見宋部長長志。

五時〇五分，見汪顧問道淵。

五時二十分，見張副秘書長祖詒。

11 月 23 日　星期三

上午

八時二十六分，在中央黨部見蔣秘書長彥士。

九時，主持中常會。

九時四十六分，見內政部林部長洋港。

下午

四時五十分，在大直寓所見秦主任委員孝儀。

11 月 24 日　星期四

下午

三時二十九分，在府見秦主任委員孝儀。

三時四十五分，見國防部總政戰部許主任歷農。

四時〇五分，見中央研究院院士余南庚博士。

四時二十分，見張副秘書長祖詒。

五時〇二分，見蔣秘書長彥士。

五時三十分，見馬秘書長紀壯。

11 月 25 日　星期五

下午

三時四十六分，在府見宋部長長志。

四時○七分，見輔導會鄭主任委員為元。

四時二十五分，見空軍郭總司令汝霖。

四時四十五分，見張副秘書長祖詒。

五時十分，見汪顧問道淵。

五時二十三分，見馬秘書長紀壯。

11 月 26 日　星期六

下午

三時二十七分，在大直寓所見沈秘書長昌煥。

五時十二分，見蔣秘書長彥士。

11 月 27 日　星期日

下午

三時五十四分，在大直寓所見秦主任委員孝儀。

11 月 28 日　星期一

今日頒布明令：

「茲為適應事實需要，依照動員戡亂時期自由地區增
加中央民意代表名額辦法第九條之規定，將中華民國
七十二年僑選增額立法委員改選之第三區名額分配，由
七人減為五人；不分區名額分配由三人增為五人。」

11月29日　星期二

下午

二時三十七分，在府見馬秘書長紀壯。

三時○九分，見汪顧問道淵。

三時三十分，見郝總長柏村。

三時五十八分，見張副秘書長祖詒。

四時四十五分，見蔣秘書長彥士。

五時○九分，見宋部長長志。

五時二十四分，見孫院長運璿。

11月30日　星期三

上午

八時二十分，在中央黨部見蔣秘書長彥士。

八時四十三分，見倪院長文亞。

九時，主持中常會。

九時五十三分，見宋部長長志。

十時○六分，見臺灣省政府李主席登輝。

下午

四時十五分，在大直寓所見蔣秘書長彥士。

五時三十二分，見秦主任委員孝儀。

12 月 1 日　星期四

下午

四時五十分，在府見宋部長長志。

五時十三分，見張副秘書長祖詒。

12 月 2 日　星期五

下午

三時〇三分，至圓山飯店理髮。

三時四十五分，在府見馬秘書長紀壯。

四時十九分，見張副秘書長祖詒。

四時四十四分，見宋部長長志。

五時〇一分，見蔣秘書長彥士。

12 月 3 日　星期六　七十二年增額立法委員選舉

上午

八時正，總統暨夫人，在臺北市選舉委員會設於中山區崇實里力行新村的第四七四投票所，投下了他們神聖的一票。總統伉儷至投票所時，係由中央選舉委員會主任委員林洋港，臺北市選舉委員會主任委員楊金欉等陪同；受到了民眾們夾道歡呼。領取選票時，曾親切地慰問選務工作人員。八時〇五分離開投票所時，並且與等候投票的民眾揮手致意，然後在民眾歡呼聲中離去。

下午

五時十八分，在大直寓所見沈秘書長昌煥。

12月4日　星期日

遴定二十七位僑選增額立法委員，其中十五位新任，餘
為連任。

下午

三時十分，在大直寓所見蔣秘書長彥士。

四時十四分，見秦主任委員孝儀。

四時五十五分，見宋局長楚瑜。

遴定二十七位僑選增額立法委員

連任：（一）東北亞地區：李合珠

　　　（二）港澳地區：　梁永燊　徐　亨　卜少夫
　　　　　　　　　　　　湯煥暉　張　寬

　　　（三）北美洲地區：伍千鈞　朱榮業　曾燕山
　　　　　　　　　　　　胡國棟

　　　（四）不分區：　　林基源　謝學賢

新任：（一）東北亞地區：　王瑞武

　　　（二）亞洲其他地區：曾　雄　雲昌任　黃文貴
　　　　　　　　　　　　　蔡慶祝　張爾煊

　　　（三）北美洲地區：　林仲文

　　　（四）中南美地區：　簡漢生

　　　（五）歐洲地區：　　陳得時　朱建人

　　　（六）非洲地區：　　謝達壽

　　　（七）大洋洲地區：　劉富權

　　　（八）不分區：　　　郭瑞訓　葉詠泉　汪振華

中國國民黨籍二十一名、青年黨二名、民社黨一名、無

黨籍三名。

12月5日　星期一

獲悉美國聯邦眾議院外交委員會主席查布勞斯基因病逝世，特致電其家屬致唁。

下午

三時，親臨一級上將黃杰將軍之寓所，祝賀其生日。

三時三十五分，在府見馬秘書長紀壯。

三時五十五分，接見美國聯邦眾議員彭納、麥基文、歐斯禮等一行三人，交換中美關係意見。

四時四十五分，見宋部長長志。

五時十二分，見孫院長運璿。

五時三十分，見汪顧問道淵。

12月6日　星期二

下午

三時〇五分，在府見張副秘書長祖詒。

三時四十六分，見郝總長柏村。

四時，召見月前駕機來歸之反共義士王學成，對其機智、勇敢和信心，曾加以稱許；並勉勵其多研讀三民主義，增進學能，充實自己，期對國家有所報效，有所貢獻。

四時十五分，約集蔣彥士、林洋港、梁孝煌、周應龍、蕭天讚、張豫生、宋時選、關中、吳挽瀾等九人座談，聽取增額立法委員選舉情形報告。

五時○八分，見蔣秘書長彥士。

五時三十一分，見宋部長長志。

12月7日　星期三

上午

八時三十一分，在中央黨部見蔣秘書長彥士。

九時，主持中常會。在談話中，對於增額立法委員選舉進行順利，秩序良好，顯示全民團結安定的氣象，尤其對民眾支持執政黨施政績效的熱誠，表示感佩。

十一時○一分，見嚴常委家淦。

下午

四時三十七分，在大直寓所見沈秘書長昌煥。

中常會談話

　　剛才聽到中央選舉委員會主任委員從政主官林洋港同志有關選舉事務的報告，和中央組織工作會主任梁孝煌同志有關本黨輔選工作的報告，深感這次增額立法委員選舉，做到了負責、公正、安定的要求，不但充分驗證了政府辦好選舉的決心，而本黨同志亦有協助政府辦好選舉的具體表現，我們對於民眾支持本黨的熱誠，非常感佩，同時對於所有參與選舉事務和維持秩序人員的辛勞，深表嘉慰，對於所有輔選工作幹部同志，亦深表慰勉。

　　選舉是民主政治的重要運作方式，而辦好選舉，更是促使民主政治成長進步的基本作為，這必須由政府、

民眾和各政黨同為民主法治精誠合作，我們感到欣慰的，就是復興基地各項選舉，一次比一次進步，這顯示了我們全民團結安定的氣象，可以說是國家之福，更是以三民主義統一中國的有利憑藉。

在這次選舉中，所有的候選人，都一一表達了自己的政見，這些政見，希望從政同志和黨的幹部同志特加重視，凡是具有積極建設性的，更應真誠虛心接受他們的意見，詳加研究，採擇施行，凡是消極批評性的，則應針對其批評內容，檢討改進，或者坦誠說明。有則改之，無則加勉。

尤其盼望本黨這次當選的同志，更要時時刻刻，貫徹黨的政綱政策，體現革命民主政黨黨員的精神，實踐政見，為民服務，推動國家政治建設。

本黨雖歷經艱難，而始終奮鬥不懈的目標，就是實踐總理遺教，貫徹總裁遺志，以團結和諧求成功的精神，務使三民主義民主憲政在安定中成長，在成長中不斷檢討、革新和策進，希望本黨同志今後更應一本「國家至上、民眾第一」的精神標竿，結合大眾的智慧和力量，積極奮鬥，全力以赴，以達成本黨的歷史使命。

12月8日　星期四
今日致電諾魯共和國總統戴羅伯，賀其當選連任。

下午
三時三十五分，在府見國防部總政戰部許主任歷農。
四時，接見美國聯邦眾議員克蘭，對彼多年來有關中美

關係的讜言，深表佩慰。

四時二十六分，見秦主任委員孝儀。

五時，見宋部長長志。

五時二十五分，見蔣秘書長彥士。

12月9日　星期五

下午

五時〇四分，在府見沈秘書長昌煥。

五時二十分，見臺北市黨部關主任委員中。

五時三十分，見秦主任委員孝儀。

12月10日　星期六

下午

三時四十五分，在大直寓所見蔣秘書長彥士。

12月11日　星期日

下午

三時二十二分，在大直寓所見秦主任委員孝儀。

四時二十六分，見俞總裁國華。

12月12日　星期一

下午

二時五十四分，至圓山飯店理髮。

三時四十分，在府見蔣秘書長彥士。

四時十二分，見宋部長長志。

四時五十分，見馬秘書長紀壯。

五時二十五分，見汪顧問道淵。

12 月 13 日　星期二
上午

九時二十分，在府見中央研究院院士余南庚博士。

九時四十八分，見郝總長柏村。

十時，主持軍事會談。

十一時二十二分，見孫院長運璿。

下午

三時五十分，在府見馬秘書長紀壯。

四時十九分，見輔導會鄭主任委員為元。

12 月 14 日　星期三
上午

八時三十二分，在中央黨部見蔣秘書長彥士。

九時，主持中常會。

十時十分，見立法院倪院長文亞。

下午

四時三十六分，在大直寓所見沈秘書長昌煥。

12 月 15 日　星期四
【無記載】

12月16日　星期五

全國各界表揚七十二年好人好事代表大會，於今日上午在臺北市中山堂舉行。總統特頒書面賀詞，期使人人做好人，時時做好事，以擴大生命的意義，完成時代所付與我們的使命。

全國各界表揚七十二年好人好事代表大會
書面訓詞

全國各界表揚七十二年好人好事代表大會主席並轉全體好人好事代表均鑒：

　　欣逢中華民國各界表揚七十二年好人好事代表大會在臺北舉行，本人特向光榮當選接受表揚的諸位代表，敬致衷心的祝賀。

　　自民國四十七年先總統蔣公指示推行表揚好人好事運動以來，歷年接受全國各界隆重表揚的好人好事代表，分布在社會的每一個角落，繼續散播愛心，不斷發揚善舉，致力於純樸風氣的提倡與倫理文化的踐履，使社會日臻安和，也使這一運動的意義和影響日益深遠廣大。

　　今年接受全國表揚的好人好事代表共六十七人，當選的事蹟都足以鼓舞群倫，共同提升社會的品質，證明各位都承襲了中華文化倫理生活的淑世原則，這也正是薪火相傳的道理，行見好人好事的火種不僅永不止熄，而且將愈益光輝而熾盛。

　　當今世界各地，凡淪於共黨統治者，莫不製造仇恨，鼓勵鬥爭，破壞家庭，摧毀倫常，生活貧困，衣食

短缺，失去自由，如在牢獄。故鐵幕內人民紛紛冒險犯難，投奔自由，共匪統治下的大陸，即是顯例。而我復興基地實施三民主義的結果，能均無貧，和無寡，安無傾。所以，表揚好人好事運動，就是要發揚中華文化，以光明照亮黑暗，以至仁伐至不仁，也就是三民主義統一中國的重要環節。

先總統蔣公曾經提示我們：「生活的目的在增進人類全體的生活；生命的意義在創造宇宙繼起的生命。」相信各位都能深體斯旨，繼續力行實踐。人人做好人，時時做好事，以擴大生命的意義，完成時代所付與我們的使命。

12月17日　星期六

上午

八時五十八分，至圓山飯店理髮。

十時，在府見俞總裁國華。

十時二十八分，見汪顧問道淵。

十時四十三分，見馬秘書長紀壯。

下午

三時三十五分，在大直寓所以茶會款待孔令儀小姐。

五時〇一分，見蔣秘書長彥士。

12月18日　星期日

下午

七時二十八分，在大直寓所見臺灣省黨部宋主任委員

時選。

12 月 19 日　星期一
【無記載】

12 月 20 日　星期二
下午

三時五十七分，在大直寓所見秦主任委員孝儀。

12 月 21 日　星期三
上午

八時三十分，在中央黨部見蔣秘書長彥士。

九時，主持中常會。

九時五十二分，見秦主任委員孝儀。

九時五十七分，見孫院長運璿。

十時〇六分，見宋部長長志。

12 月 22 日　星期四
下午

四時十八分，在大直寓所見沈秘書長昌煥。

五時五十三分，見秦主任委員孝儀。

12 月 23 日　星期五
【無記載】

12 月 24 日　　星期六

上午

十時十五分，至圓山飯店理髮。

十一時〇七分，至一級上將顧祝同將軍寓所，祝賀其生日。

十一時三十二分，在府見馬秘書長紀壯。

下午

三時十五分，在大直寓所見蔣秘書長彥士。

四時三十三分，見秦主任委員孝儀。

12 月 25 日　　星期日

上午

九時，在中山堂主持慶祝中華民國七十二年行憲紀念大會、國民大會憲政研討會第十八次全體會議、第一屆國民大會代表七十二年度年會的聯合開會典禮。首先舉出今年我們國家在政經文教建設等方面，獲致很多的進展。隨後並勉勵大家，在這民主自由與共產極權的對抗戰鬥中，只要我們永遠站穩民主的腳步，勝利就必屬於我們。

下午

三時二十二分，在大直寓所見孫院長運璿。

五時〇三分，見秦主任委員孝儀。

中華民國七十二年行憲紀念大會致詞

諸位代表先生：

　　每年今日，經國得與全體代表先生見面，共聚一堂，抒陳國家憲政大計，至感榮幸和愉快！

　　今天是中華民國的行憲紀念日，這一莊嚴的日子，一方面刻劃出我們建國歷程上的重重艱辛，另方面顯示了實現建國理想百折不回的無比決心。緬懷以往制憲行憲的種種奮鬥，突破層層障礙，昂然踏上民主憲政的大道，深深感到這一天乃是國家歷史跨越了劃時代的一步，並為國家前途確立了永恆的基礎。

　　中華民國憲法，受全國人民的神聖付託，是民主、自由、正義的象徵。這部憲法不但是國家的根本大法，用以鞏固國權、保障民權、奠定社會安寧、增進人民福利；更是治國的寶典，可以實踐國父遺教、傳承中華文化、弘揚民族德性，這些正是我們憲法獨有的特質內涵。先總統蔣公在二十年前的今天曾經指出：紀念行憲，最重要的，是要求得這部憲法精神內涵的全部實行。所以我們慶祝行憲紀念，唯有踐履憲政宏規，發揮憲治精神，方能提昇慶祝的崇高意義。

　　諸位代表先生代表全國國民行使職權，為維護憲法，為確保國體，堅忍弘毅，竭智盡忠，在國步艱危之中，始終精誠團結，休戚與共，一致執著對民主憲政不移的信念，表現出對憲法永矢咸遵的信守。經國要向諸位代表先生致最誠摯的敬意。尤當動員戡亂緊急時期，於世變紛紜之際，為善盡捍衛憲政尊嚴和再開國家新運的雙重責任，慎思熟慮，在保存憲法完整的原則下，守

經達權，來適應國家的非常變故，充分體現出國民的公意，使戡亂復國大業順利推展，經國更要深致欽佩之忱。

回顧行憲至今三十六年，正好可把我們開國七十二年，等分成為兩個階段。前者國家飽經內亂外侮，但在血淚交織中，勇敢地遵照國父建國大綱所定的步驟，完成了由軍政、訓政而入於憲政時期。後者則以共匪叛國，大陸沉淪，破壞了憲政的全面推行，但在復興基地努力民主憲政建設，放出了光芒異彩。這兩個三十六年，都可以說憂患備嘗，堅苦卓絕，確實經歷了多難的漫長歲月，然就世界各國憲政發展的歷史來看，只能算是短暫的時光，而我們已經創造了良好的規模，樹立了深厚的根基，相信只要大家堅循民主法治的道路前進，我們的民主憲政，必將繼續充實，繼續成長。本年增額立法委員選舉的圓滿完成，足以說明我們的憲政之治，有進無退，有升無減！

近年各方關切中華民國法統，經國對此曾在去年向諸位代表先生說過：「中華民國憲法，是一部天下為公、正大光明的憲法，也是一部全民的、多黨的、民主的憲法。」「大家維護了憲法，憲法就是我們的法統。」本此信心，所以我們覺得，修訂動員戡亂時期臨時條款，來擴大中央民意代表遴選範圍，不宜考慮。同時經國也認為：非常時期之認知不可無，現行憲政之體制不可變。只要經由憲法產生的中華民國政府存在，中華民國法統必就存在！只要中華民國憲法存在，中華民國的法統便將永遠存在！而更重要的，應是我們積極

發揚憲法的內涵精神，使憲政的光輝，照耀千秋，永垂無疆！

　　盱衡當前國家情勢及國際環境，儘管仍有許多困難和障礙，還待我們共同努力去克服和排除，不過我們一貫確信，在這民主自由與共產極權的對抗戰鬥中，只要我們永遠站穩民主的腳步，勝利就必屬於我們。並且更可斷言，共產主義和制度不合人類需要，終必失敗，而最先崩潰的共產政權，必定是中共匪黨！三十多年共匪在大陸施行暴政，劣跡昭彰，海內外同胞一致心向三民主義仁政的歸趨，已給這一結論作了最好的明證。

　　基於這樣的確認，我們對於共匪層出不窮的統戰花招，只感到徒見其心勞日絀。一方面愈加暴露它偽裝和平的陰謀，另方面也更顯露它內部日益嚴重的矛盾和危機，想藉加緊進行統戰，對我們離間分化，來掩飾它無法控制的敗象。事實非常清楚，共匪幾十年來從未停止過清算、整肅、屠殺、鬥爭，目前又正激烈進行其所謂「整黨運動」，大事逮捕和殺伐，使得整個大陸再一次陷於血腥恐怖之中，根本就把民主法治和民生福祉完全拋在腦後。試想這樣一個崇拜暴力、迷信威權和禍國殃民的叛亂集團，有什麼面目來對國家民族？有什麼資格來談國家的前途？我們不和共匪談判接觸，不僅因為深知它的奸險狡詐，更是為了維護中華文化、綿延民族命脈，不讓共匪扼殺國民生機、斷送億萬同胞自由生存的希望，而絕不與之妥協。我們的立場已很明白：中國必須統一，但必須認同在三民主義的憲政制度之下，統一在中華民國的國號和國旗之下。

今後我們所應戮力以赴的唯一方向，是確切遵照先總統蔣公的遺訓，實踐三民主義、光復大陸國土、復興民族文化、堅守民主陣容。朝此方向，繼續以安定為基礎，加速國家建設，但不以安定為滿足，而要在安定中，使我們的建設成果更壯大、更進步，並以這成果來重建大陸，進而能有助於全世界的自由和平。

讓我們同心協力，團結和諧，為完成這項時代任務而奮鬥、前進。也讓我們共同提高警覺，嚴防敵人對我們的滲透顛覆，粉碎妄圖破壞我們憲政體制和民生樂利的任何詭計，來強固反共復國的精誠力量，以使十億同胞早日同沐三民主義憲政的光輝！

祝福中華民國憲政之治日昌月盛！祝福諸位代表先生身體健康！謝謝大家！

12 月 26 日　星期一

下午

三時三十分，在大直寓所見郝總長柏村。

12 月 27 日　星期二

上午

九時二十五分，見張副秘書長祖詒。

九時五十分，見馬秘書長紀壯。

十時，主持財經座談，於聽取經建會主任委員俞國華等報告一年來財經情勢並與各首長交換意見後，作了六點重要指示：

一、盼工商企業掌握復甦契機；

二、對美貿易順差問題，應予重視；

三、引進尖端科技，加強研究發展；

四、研究提高稻米以外農作物生產力；

五、重視水土保持，維護水源及自然生態；

六、剷除現存於社會中的各種惡劣風氣。

下午

四時五十二分，在大直寓所見沈秘書長昌煥。

財經座談指示

一、今年我國經濟受到世界景氣好轉的有利影響，同時
由於我產業界的辛勤努力，以及政府各項紓困措施
的奏效，終於呈現明顯的復甦。在此過程中，財經
部門工作同仁的努力與密切配合，殊堪嘉慰。在出
口方面，電子與電工器材產品已成為我國第一位的
出口業，更顯示產業結構之改善已獲致相當成效。
但當前經濟成長主要由於出口擴增所帶動，而國內
投資仍未顯著提高，甚盼工商企業善為掌握復甦契
機，並從長期觀點，積極進行最有利之投資活動。
政府有關部門除應繼續改善投資環境外，並應在此
轉型期間指導投資方向，必要時可在民間投資計畫
進行初期主動參與，藉以增強其投資信心。

二、對美貿易順差問題應予重視，希行政院成立小組研
究改善貿易差距辦法。

三、當前國際經濟社會，在科技與資訊飛躍進步的衝擊
下，各種工業的國際競爭勢必益趨激烈。我工商企

業必須認清此一形勢，不斷引進尖端科技，加強研究發展，推動生產自動化；同時，政府應把握開放與競爭兩項基本原則，積極爭取國際合作，充分運用我國高素質的勞工與既有工業基礎，全力從事於工業的升級；並對具有高度競爭能力的工業，無論國人或外資經營，均宜基於開放與競爭的原則，給予公平的發展機會，避免不必要的干預與限制。

四、近年來稻米生產持續過剩，顯示農業生產方向與國民需求的變化未能密切配合，日前行政院核定之「稻米生產及稻田轉作計畫」，以減少稻米產量，應貫徹實施，希望輔導農民支持配合，並隨時檢討改進。同時應全力研究提高稻米以外農作物之生產力，增加農家所得，俾轉作計畫得順利進行。

五、今夏臺灣地區未曾遭受嚴重的颱風和雨水侵襲，避免了許多損失，但水源因之呈現不足，對於明年枯水期所需的各項用水，有關單位應即未雨綢繆，早作準備。水資源關係國民基本生活及經濟開發至鉅，今後對水土保持、水源及自然生態的維護，均應給予適當重視，希妥加規劃，切實執行。

六、經濟現代化是一項十分艱巨的工作，我們不能以目前成就自滿。最近經濟、社會紀律顯得鬆弛，對未來經濟發展勢必構成不良影響。基本上，這是一種經濟、社會、文化及政治發展間失調的現象，必須及早正視。應從法制、觀念、文化、教育等各方面著手，研擬整體性對策，推動紀律重整運動，以剷除現存於社會中的各種惡劣風氣。尤望全體國民

均能體認到紀律重整的重要性，潔身自愛，砥礪奮
發，以確保我們辛苦耕耘的成果，並創造經濟現代
化更大的成就。

12月28日　星期三
上午

八時三十四分，在中央黨部見蔣秘書長彥士。

九時，主持中常會。

九時四十四分，見蔣秘書長彥士。

九時五十八分，見宋部長長志。

12月29日　星期四
下午

三時二十五分，在府見馬秘書長紀壯。

三時五十分，見郝總長柏村、三軍大學卸任校長王多年
（調任本府國策顧問）、新任校長言百謙。

四時〇八分，見秦主任委員孝儀。

四時二十四分，見派在第一局辦事之新任參事焦仁和。

四時三十五分，見宋部長長志。

四時五十三分，見國防部總政戰部許主任歷農。

12月30日　星期五
電謝此次國民大會代表年會的致敬；並對代表們在年會
中秉持憲政法統、精誠謀國、宏濟艱虞、發抒讜論，深
致敬佩。

下午

四時五十二分，在大直寓所見俞總裁國華。

國民大會代表年會致謝電文

第一屆國民大會全體代表公鑒：

（七二）亥有代電敬悉。各位代表先生於七十二年年會，秉持憲政法統、精誠謀國、宏濟艱虞，發抒讜論，殊深欽佩。復承加勉，敬致謝悃。仍賴同心協力，團結和諧，益勵中興，以早日完成三民主義統一中國之大業。順頌年禧，尚祈惠詧。

12 月 31 日　星期六

上午

十時○八分，至圓山飯店理髮。

十時五十五分，在府見郝總長柏村。

下午

四時十八分，在大直寓所見蔣秘書長彥士。

民國日記 70

蔣經國大事日記（1982-1983）
Daily Records of Chiang Ching-kuo, 1982-1983

主　　編　民國歷史文化學社編輯部
總 編 輯　陳新林、呂芳上
執行編輯　林弘毅
美術編輯　溫心忻
封面設計　溫心忻
文字編輯　詹鈞誌

出　　版　🛡 開源書局出版有限公司

香港金鐘夏慤道 18 號海富中心
1 座 26 樓 06 室
TEL：+852-35860995

🌼 民國歷史文化學社 有限公司

10646 台北市大安區羅斯福路三段
37 號 7 樓之 1
TEL：+886-2-2369-6912
FAX：+886-2-2369-6990

初版一刷　2021 年 5 月 20 日
定　　價　新台幣 400 元
　　　　　港　幣 105 元
　　　　　美　元　15 元
Ｉ Ｓ Ｂ Ｎ　978-986-5578-27-5

http://www.rchcs.com.tw

國家圖書館出版品預行編目 (CIP) 資料
蔣經國大事日記 (1982-1983) = Daily records of
Chiang Ching-kuo,1982-83/ 民國歷史文化學社
編輯部主編 . -- 初版 . -- 臺北市 : 民國歷史文化學
社有限公司 ,2021.05

　面；　公分 . -- (民國日記 ; 70)

ISBN 978-986-5578-27-5 (平裝)

1. 蔣經國　2. 臺灣傳記

005.33　　　　　　　　　　　　110006860